给已婚女性的理财书

张国华◎著

中国发展出版社
CHINA DEVELOPMENT PRESS

图书在版编目（CIP）数据

给已婚女性的理财书 / 张国华著. —北京: 中国发展出版社，2015.4

ISBN 978-7-5177-0295-5

Ⅰ. ①给… Ⅱ. ①张… Ⅲ. ①女性—私人投资—通俗读物 Ⅳ. ①F830.59-49

中国版本图书馆CIP数据核字（2014）第297841号

书　　名：给已婚女性的理财书
著作责任者：张国华
出 版 发 行：中国发展出版社
（北京市西城区百万庄大街16号8层　100037）
标 准 书 号：ISBN 978-7-5177-0295-5
经　销　者：各地新华书店
印　刷　者：三河市东方印刷有限公司
开　　本：720mm × 960mm　1/16
印　　张：12.25
字　　数：136千字
版　　次：2015年4月第1版
印　　次：2015年4月第1次印刷
定　　价：30.00 元

联 系 电 话：（010）68990625　68990692
购 书 热 线：（010）68990682　68990686
网 络 订 购：http://zgfzcbs. tmall. com//
网 购 电 话：（010）88333349　68990639
本 社 网 址：http://www.develpress. com. cn
电 子 邮 件：lijian2025@163. com

前　言

授人以渔：女性理财新时代

今天，女性在社会和家庭中扮演着越来越重要的角色。政治方面，我们能看到德国总理默克尔等在政治舞台上的卓越表现；经济方面，国际货币基金组织总裁拉加德成为首任女总裁，并成功挽救岌岌可危的欧洲经济；在商业、文化、体育等方面，也不乏出色的女性代表。同样，在家庭理财方面，女性也在扮演越来越重要的角色。家庭理财，需要女性更多的参与，女性与生俱来的天性与天赋也非常适合担任家庭CFO的角色。因此，已婚女性做好家庭理财至关重要，它能体现女性自身价值，也能给家庭带来和谐与幸福，成就更加美满的生活。

然而，对于她们来说，在家庭理财方面还面临种种困惑与难题。在我的日常理财咨询工作中，有非常多的女性朋友和客户，来咨询我关于家庭理财的一些问题，具体如子女教育金规划、私房钱打理、家庭保障等问题。我想，应该还有更多的女性在理财问题上需要得到指导与帮助。我特别为此做了一个关于已婚女性理财现状的调查，通过此调查结果，了解到了她们更多的理财困惑。我也希望通过此书，系统性地解决她们在观念、方法、理财工具等方面的疑问，为她们做好家庭理财提供一套最实用的理财思路与方法。

不同于只要做好相夫教子就是好妻子的传统女性，理财技能已经是现代已婚女性必备的家庭技能之一。通过科学合理的理财方式，让家人过上更加幸福美满的生活，发挥理财给我们每一个人带来的价值。

立志成为中国顶级理财师的我，想通过此书教会她们在观念上认识家庭理财，并给她们最实用的理财指导，通过掌握更多的理财方法，让家庭过上更加幸福美满的生活。

最后，由于本人的专业知识与看问题的角度还有一定的局限性，未能百分百地为每一位已婚女性提供最完美的理财指导，我希望通过自身不断的提升与沉淀，在未来有更多的机会为她们提供更深层次的帮助与指导。借此机会，想特别感谢配合我做理财问卷调查与提供各种支持的女性朋友们，没有你们的关注与支持，就没有这本书的出现，也谢谢在写作方面给予我许多宝贵指导的编辑，还有我的同事们与朋友们，谢谢你们的支持与帮助。

为了更好地给女性朋友们提供理财指导，我专门成立了深圳慧馨女性理财指导中心，希望借此平台，聚集更多专业理财师的力量，为更多的已婚女性群体解决实际的理财难题，完成我在理财事业上的重要使命。由于时间紧迫和能力不足，在此书中没有提及或者讲得不够正确的地方，还请读者朋友们多多包涵！

目 录

第1章
已婚女性理财新思维

李小姐，32岁，已婚。在一次午餐闲聊中，她很自然就问到我："你说我该怎么理财呀？你说像我这样的女性能理好财吗？其他像我这样的已婚女人都怎样理财的？理财对于结了婚的女人是不是很重要呀？"

看似很随意的问话，却点出很多已婚女性共同关心的内容。我相信应该有很多已婚女性都抱有同样的疑问，自己手握财政大权，是否可以做好家庭理财呢，又该如何做好？理财对于女人是否真的那么重要呢？

在本章，我们将来探讨这方面的话题，为你拨开疑云。

从女性理财问卷调查说起

"没有调查，就没有发言权"，为了能给已婚女性提供一套最实用的理财指导书，我专门对超过100位已婚女性做了理财现状调查，并和超过50位女性进行深入沟通。这一行动给了我最真实和最直接的写作素材，虽然调查对象数量有限，调查结果谈不上权威，但是却能很大程度上反映多数已婚女性的理财现状，这其中包括她们目前的理财方式与途径，她们的理财困惑，她们在家庭理财中扮演的角色，她们对目前的理财工具的选择，等等。这份调查问卷有足够的信息来反映她们的理财现状，我也希望针对她们的种种理财困难，通过本书一一为她们解答。

我的日常工作有很大一部分就是为已婚女性做理财规划，通过跟她们的接触发现，这一群体有着非常好的理财意识，扮演着家庭理财的关键角色，她们渴望能懂得更多知识。也许是天性所致，她们大都非常注重理财，但同时却对理财存在许多困惑，当面对理财难题时略显无助。然而，每次通过跟她们分享正确的理财观念，帮助她们分析目前的理财现状，给出相应的理财解决方案后，她们都异常欣喜，仿佛购物所带来的快乐一般。她们对于理财其实一直都非常关注，也渴望有人能在这方面给予帮助。因此，我通过这个理财问卷调查结果，结合日常工作心得总结，写出这本关于已婚女性的理财书，初衷就是希望通过真实地了解她们的理财现状，帮助更多女性读者，解决生活中的理财困惑。

已婚女性理财调查问卷

为了能给已婚女性群体提供更有针对性的专业理财服务，现希望通过此份调查问卷，了解已婚女性的家庭理财情况与困惑，谢谢您宝贵的建议。

1. 您的年龄属于：□ 26～35岁　□36～45岁　□45岁以上

2. 您的工作：□家庭主妇　□自由职业者　□上班族　□企业主

3. 您的家庭理财模式：□老公赚钱，我管钱　□老公赚钱，老公管钱　□一起赚钱，一起管钱　□一起赚钱，老公管钱　□一起赚钱，我管钱

4. 您对现有理财工具选择优先次序为：＿（例如③⑤①②④⑥）＿

①股票　②基金　③房产　④保险　⑤银行理财产品　⑥互联网理财产品

5. 您对投资理财的风险偏好程度是：

□ 低风险，低回报　□风险适中，回报稳定　□高风险，高回报

6. 您理财的主要途径是：

□自己打理　□银行、保险等金融机构　□专业的独立理财机构　□其他

7. 您的理财困惑主要有哪些（多选）：

□没法存钱　□不会挑理财产品　□找不到理财的重点

□如何解决家庭保障　□如何解决小孩教育金

□如何解决养老问题　□财富增值渠道　□私房钱打理

□如何让家庭财务更安全

8. 请问您在理财方面，最希望获得哪方面的知识与帮助（具体写出来）：

____

9. 如果需要解决理财困惑，您愿意选择向谁获得帮助（可多选）：

□独立机构理财师　□银行理财经理　□保险公司人员

□证券公司人员　□懂投资理财的朋友　□其他相关专业人士

10. 您会在什么情况下，寻求专业理财师的帮助（可多选）：

□不具备系统的专业知识时

□不知道如何设立未来的理财目标时

□无法抽出时间来自己理财时

□遇到了重大财务决策时，如买房、大额投资、创业、结婚、移民等

□感觉金融市场和产品太复杂，无所适从时

□当您已经感觉到了家庭理财的紧迫性，但却毫无头绪，不知如何着手时

11. 若要选择一家专业理财机构为您提供服务，您最看重的三样次序为________________（如：②⑤⑥）

①专业程度 ②收益 ③产品平台 ④实力和名气 ⑤安全放心 ⑥服务

以下是理财调查问卷调查统计数据的简单汇总：

1. 调查对象年龄：26～35岁占76%，36～45岁占24%；

2. 工作状态：上班族占80%，企业主占7%，自由职业者占11%；

3. 家庭理财模式："一起赚钱一起管钱"占56%，"单独女人管钱"占33%；

4. 理财工具选择：第一位，银行理财产品；第二位，房产；第三位，保险；

5. 风险偏好："风险适中，回报稳定"占 82%；

6. 理财途径："自己打理"占64%，"通过金融机构"占29%，"独立理财机构"占7%；

7. 理财主要困惑：①如何实现财富增值；②如何让家庭财务更安全；③如何挑选理财产品；④如何理清理财重点；⑤如何解决家庭保障。

如果说我的调查问题不能充分反映女性理财现状的话，那么我们可以来看看另外一个调查问卷。日前，申万巴黎基金公司根据家庭理财特点，做了个"申万巴黎基金四季调研之丽人计"调查问卷，这也是申万巴黎基金连续第4年针对女性投资者进行的问卷调查。

第一季“丽人计”旨在通过调研了解女性的收入水平、理财习惯、投资现状、风险偏好等方面。根据调查统计显示，64%的调查者认为女性比男性更稳健并注重风险控制；79%的调查者认为在女性理财中，保障第一、收益第二；74%的女性更青睐投资基金，且47%的女性最青睐混合型基金；在基金持有期限上，61%的投资者认为至少持有基金2年以上。

多年前在上海举行的一次“女性理财咨询活动”中对200名女性进行的随机问卷调查显示：约有78%的女性在家庭理财中扮演着“决策”或“实际操作”的角色，而绝大部分的女性在进行投资理财时，钟情于“稳健型”的理财风格。

问卷调查显示

保障优先考虑。在137名25～54岁的女性当中，大多数都将“保险”列为家庭理财的第一步。尤其是随着年龄的增长，这种对“安全底线”的考虑有增加。如26～35岁的女性，有56%表示购买了保险；而36～45岁，这个比例则上升到了84%。

投资较保守。面对投资，大部分女性还是比较钟情于银行储蓄这一保守投资渠道。不过随着年龄的增长，家庭逐渐殷实，不少女性投资目光开始多元化。尤其是36～45岁的女性，在保持稳健风格之余也会进行一些偏好风险的投资，比如股票、外汇、房产等，而且大多数的年投资额都在1万～5万元。

值得一提的是，对于目前基金公司和媒体宣传很多的基金产品，仍有许多女性表示不知道或不了解，尤其是对于基金品种的分类表示比较陌生。

女性关注焦点

在一次“女性理财咨询活动”中，女性关注的热点大多数还是银行投资类的产品，在保障本金不减少的前提下，大多数女性更倾向于那些稳定性好，收益率比储蓄高的品种。

通过对比可以看出，以上两个理财问卷调查结果和我自己做的已婚女性调查结果都表明：已婚女性们实际掌握着家庭财务大权。家庭CFO的角色，其实女性比男性更适合担任，因为她们比男性更加注重风险控制，拥有更理性的长期稳健理财观念。男人在投资理财方面往往更加进取，希望能快速增值或致富，一旦不顺，家庭财务将面临巨大考验。而家庭财务管理，就是要讲究资产的合理配置，先做好家庭保障，然后再安排稳健的投资组合，最后才是进行高风险投资。因此，已婚女性比男性更有天赋去打理好家庭财富，女性保守稳健的理念也会让家庭财务更加安全可靠。

事实上，根据我们平时接触的客户情况，也是女性客户比例更高，因为我们公司提倡长期稳健的投资理财理念。我们发现，女性更关注财务安全与稳健，因此能更好地打理家庭钱财。

然而，虽然已婚女性们有着非常好的理财意识和理财天赋，却同时面临着各种家庭理财困惑，不同的已婚女性，面临着不同困惑与难题。

已婚女性理财大不同

结婚前，女人是消费的主力军，爱美是女人的天性，她们会从头到脚都给自己装扮一番，所以，消费基本上就是她们生活的主旋律。作为消费市场的主力，女性一直是商场打折促销活动的最积极参与者，然而，随着和另一半组成新的家庭，一切就开始转变，女人们的主旋律就从消费转变为持家。可以说，当今社会是女性消费时代，同样也是女性理财时代，作为已婚女性的你，做好了成为理财大赢家的准备了吗？

俗话说得好，“吃不穷，穿不穷，算计不到才受穷”。这里说的算计其实就是理财的范畴，开源节流，打理好家里的每一份钱财。已婚女性一般都掌管着家里的财政大权，因此，在婚后，已婚女性生活的主旋律就从消费转为理财，此时，理性消费与量入为出显得尤为重要。

对于理财而言，到底每个女性又有什么相同之处与不同之处呢？

通过理财问卷调查发现，已婚女性家庭理财存在很多共性，主要体现在家庭理财模式、理财途径、风险偏好三方面。首先，在家庭理财模式上，超过56%的受访家庭都是男女一起赚钱、一起管钱，超过33%是男人赚钱、女人管钱，换句话说，接近89%的女人一定是参与管钱的，这就说明理财已成为已婚女性重要的家庭贡献。其次，在理财途径调查方面，超过60%的受访对象目前都是自己打理钱财，没有交给银行、保险等金融机构或寻求独立理财机构协助。最后，在风险偏好方面，超过82%的已婚女性都会选择风险适中、收益稳定的稳健理财方式。

通过这些共性我们能发现，已婚女性大都喜欢参与管理家里的钱财，她们有着保守稳健的理财心态，对理财的认识有限，目前理财的主要方式还是亲自打理。既然是通过自身在打理，就难免会遇到很多理财上的困惑而又无从下手。其实，已婚女性应该借助专业理财机构来帮助自己做好家庭理财，这个话题会在后面章节中专门讲到。

从问卷调查结果看，我们还能知道已婚女性在理财工具选择和理财困惑方面，存在很大的差异。

目前理财市场上存在众多理财工具，主要包括股票、基金、保险、房产、银行理财产品、互联网理财产品等，已婚女性在面对这些理财工具时却选择各不同，排在前3位的分别是银行理财产品、房产、保险，这三种理财工具整体风险都不会太高，这也符合前面看到的风险偏好，已婚女性大都会选择风险适中、收益稳定的保守而又稳健的理财工具。

为什么银行理财产品会是已婚女性们的首选呢？原因很简单，因为它够简单，收益又比存款高，还不需要花太多时间，挑选银行理财产品就好像商场购物一样简单。而房产和保险都体现了女性对于安全感的追求，可以让自己有一份保障，对于女人们来说，这可是比任何投资回报都重要的。

对于股票这种高风险高收益的理财工具，虽然收益不错，但是风险偏高，同时对投资专业能力要求较高，还需要非常多的时间与精力来参与，女性大多不具备这样的条件，因此股票更多是男人理财的选择，而非求稳健的已婚女性们的首选。

在理财困惑方面，不同已婚女性却有很大不同。不同的家庭状况，会有不同的需要与困惑。比方说，有小孩和没有小孩的家庭，在子女教育金准备方面的态度肯定是不同的；家里收入结余多和收入不高或支出大的家庭相比，财富增值的需求肯定是不同的。因此，家庭情况和财务状况就决定了相关的财务需要与困惑。

整体而言，对于已婚女性家庭来说，普遍存在的理财困惑有三个：如何保证财务安全；如何让财富稳健增值；如何挑选理财产品。其他诸如教育金、养老金、家庭保障、私房钱等也是常见困惑。

后面的章节会重点谈到理财工具的选择与理财困惑的解决，这也是此书的重点内容，目的在于为已婚女性在理财方面进行排忧解难。针对她们的不同困惑，分别进行深入探讨，并给出相应解决思路。

可以看出，已婚女性在理财方面还是有很多不同之处，正因为如此，理财更能体现女性的不同之处，可以让女人更具魅力，更具独特气质，就好像很多知性财经女主播散发出来的独特气质一样。这是个理财的时代，更是女性理财的时代，身为新时代的女性怎能不掌握出众的理财能力呢？从今天开始，就让自己成为女性中的理财佼佼者吧，本书正是教你如何实现这一目标。

在我接触的女性理财客户当中，理财的状况也非常不同。虽然多数已婚女性的理财意识都非常不错，但是在选择理财工具和理财方法时，都跟其性格和工作性质有关系。有的女性，理财非常保守，基本把多余的闲钱都存入银行，一心求稳，也不做别的投资选择；有的女性，太偏爱于某一种理财方式，比如房产，其他的理财工具就很难接受；还有些女性，投资风格过于激进，对股票这种高收益高风险的品种情有独钟。其实，这些都是不科学的理财观念，没有家庭资产整体合理配置的概念。

已婚女性理财的大不同，恰恰反映了当下家庭正确理财观念和方法的缺失，后面的章节会更进一步分享合理的理财思路及对策。

已婚女性理财大不同，一旦能拥有出众的理财能力，你将成为不一样的女性。

女人幸福，从理财开始

决定幸福与否的元素有很多，少不了健康、财富、婚姻等，而怎么样的女人，才是最幸福的呢？

现代社会，女性承担着社会和家庭的多种角色，而随着人们投资理财意识的觉醒，越来越多的女性也自觉或不自觉地加入到理财大军中来。聪明知性的现代都市女性，又将如何用理财武器武装自己，使自己在多种角色中游刃有余呢？

职业女性的忙碌程度有时并不逊于男性，她们在职场奔波的同时，还要兼顾家庭理财，无论是女忙人还是女管家，其实在女人心中，或许最骄傲的角色还是女主人——可以安排家庭的大小事务，包括财富。身在其位就要谋其政，担负重任的女主人当然要积极吸收学习经验，琢磨怎样让家庭财富保值增值。

人们常说，女人如花，但殊不知，落花无情，自有凋谢的那一天，然而，会理财的女人就如同一朵永不凋零的花朵，她的一生注定因为理财而变得更美丽、更精彩。因此，会理财的女人才是最幸福的。最幸福的女人，拥有幸福美满的婚姻，健康的身体，能孝敬父母，给儿女最多的爱，能做自己喜欢做的事情，等等，而这每一样，都离不开财富的支撑。

幸福美满的婚姻，需要共同努力去经营，然而，它离不开健康的财务。一旦家庭的经济出了问题，这个家庭就很容易出问题，婚姻的危机很多时候来源于经济层面，毕竟现代社会，做任何事情都离不开金钱，虽然金钱不是万能的，但没有金钱就万万不能。其中有一项关于离婚原因的调查结果显示，经济压力位居前列。因此，金钱问题能严重影响夫妻感情，严重的话会带来婚姻危机，如果能处理好经济问题，就会给婚姻提供和谐的大环境。

作为家庭财务官的已婚女性，如果能把家里的钱财打理得当，开源节流与财富增值都能做好，那将是一件相当重要的事情，为家庭幸福增添重要砝码。反过来，如果家里的财务状况混乱，收入没有得到合理安排，家里的经济条件没有随着双方努力而改善，试想这样的情况，幸福从何而来呢？

导演薛晓路：独立和尊严对女性很重要

薛晓路很火，这位女导演自编自导，用了39天拍摄的《北京遇上西雅图》打破了冯小刚导演的国产爱情片《非诚勿扰2》4.7亿的票房纪录。薛晓路毕业于北京电影学院文学系，曾在澳州留学，如今是电影学院的教师。谈到女性，她认为在任何情况下女人都不能作为一个附庸而存在，她应该同样承担自己的社会责任和经济责任，这种独立和尊严很重要，另外她也奉劝女人对爱情不能太天真。

薛晓路："我一直觉得，不管是男性还是女性，在这个世界上，都担负有不同的社会责任和经济责任。某种状况下，在家庭和工作上可能会有所侧重，但是作为两种不同的性别，在这个世界上存在，意味着他们所要承载的责任是一样的。作为女性，在经济和精神上的独立，是很重要的。"

现代社会，需要已婚女性具备经济独立能力，如果能妥善打理好自己的私房钱，这样的女性将不再那么依赖老公，在家庭上也更加具有话语权，更容易获得尊重与平等。同样，会理财的女性，势必更有经济能力来孝敬父母，为儿女提供最好的成长环境，夫妻双方也不会那么容易因为这方面的矛盾而影响感情。

最后，我相信每个女人都有深藏内心的梦想，比如开一家自己喜欢的服装店或者咖啡馆什么的，这些都离不开财务的支撑。因此，理财能力，已经成为已婚女性获得幸福的关键能力。女人幸福，从做好理财开始。

女人天生就是财务好管家

众所周知，女性大都善于持家，因为持家需要精打细算，而这恰恰是女性的天性和习惯所在。当我们去超市购物时，最能体现这一点，男人大都对于价格没有对比习惯，而女性对于价格却相当敏感，比如了解哪些是特价商品、礼拜几超市会有促销优惠、怎么买得更划算等都是女性非常关注的内容。

其实，女性除了擅长持家，还是天生的家庭财务好管家。不要以为理财这等事只有男人能做好，恰恰在财务管理方面，女人比男人更能胜任。如果不信，我们来看看下面这个故事。

志明是一个擅长投资股票的男生，对自己非常自信，因此将100万闲钱放到股市了。假设志明每年能获得12%回报，每5年就会亏损一次，亏损幅度为30%；而春娇，对投资市场并不擅长，因此不考虑自己投资股票市场，于是选择了一个能每年实现稳健回报3%的理财工具。15年后，是更擅长投资的志明获胜还是不懂投资的春娇胜出呢？看看下面的对比表格便能见分晓。

年	1	2	3	4	5	6	7	8	9	10	11	12	13	14	15	16
志明	12%	12%	12%	12%	-30%	12%	12%	12%	12%	-30%	12%	12%	12%	12%	-30%	12%
100万	112万	125万	141万	157万	110万	123万	138万	155万	173万	123万	138万	155万	173万	194万	136万	152万
春娇	3%	3%	3%	3%	3%	3%	3%	3%	3%	3%	3%	3%	3%	3%	3%	3%
100万	103万	106万	109万	113万	116万	119万	123万	127万	131万	134万	138万	143万	147万	151万	156万	161万

最终发现，春娇实现的回报比志明高，更重要的是，在这15年间，春娇收获了一份轻松愉快的心情，而志明，在亏损的那几年，心情应该是非常郁闷的。

那么，女人的理财收益为什么会比男人高呢？

市场学的研究表明，男人和女人在消费品市场中的购买行为存在明显差异。男人通常扮演理性的购买者，而女人则往往是感性的购买者。有趣的是，在投资市场中，男人和女人的角色正好与此相反。近期西方的研究结果是：男人和女人在投资行为中存在较大差异，由此影响到各自的投资绩效。

在美国，有两位金融学教授对美国3.5万名散户投资者的股票交易账户连续6年的资料进行了研究，得出的结论是：在交易频率方面，男人管理的交易账户比女人管理的账户要高45%；由于交易导致的投资收益损失（其实为交易成本），男人账户为每年2.65%，女人账户为每年1.72%，即男人比女人管理的投资账户年收益率平均低0.93%。

很多研究都证明，投资者频繁交易，致使交易成本升高，进而影响投资收益（体现为收益下降或亏损）。而投资者频繁交易的一个主要原因是过分自信。

这种过分自信往往表现在：过分相信自己的专业（股票和市场）知识；过分相信自己的判断能力；过分相信自己得到的资讯或消息。在投资中，大部分投资者都会表现得过分自信，但男人往往比女人表现更甚，这种自信心并不一定是对股票市场具有更强的把握能力。在过分自信的时候，投资者往往容易被市场纷杂的各种“消息”所忽悠。

此外，在投资中，男人比女人表现得更为进取，或有更大的风险偏好。面对风险时，男人和女人在感知上存在较大差别。2001年，一项对金融分析师和投资顾问的调查发现，女人在避免重大投资损失、避免低于目标回报率和避免信息不全就贸然从事等方面，要比男人强很多。这就不难理解志明为什么会每5年就有一次明显的亏损，在投资环境变坏的情况下，过度自信及进取型投资风格，都是导致亏损发生的罪魁祸首。

简而言之，女性比男性更厌恶风险。当被问及含糊不清的信息是否会降低其投资信心并提升风险意识时，92%的女性给予肯定答复，而男性说“是”的只有69%。当股市大幅下跌时，女人感觉更多的是“恐惧”，而男人则往往莫名地感觉到“愤怒”。

男人对投资回报的期望值普遍高于女人。投资者过高的期望值如果与其投资能力不匹配，则意味着风险。高期望值匹配低能力（眼高手低）意味着高风险。

上述的研究结果表明，男人过分自信、有过高风险偏好和过高的投资回报期望值，这些行为特征都不利于男人成为成功的投资者。所以，男人要成为成功的投资者面临更大的挑战。反之，女人则具有相对的性格优势。在现实生活中，不乏像志明这样的喜欢自己投资操作的男性，风格激进，操作频繁，追求短期高收益，但结果往往都不尽如人意，多年下来，理财效果比不上崇尚简单理财的女性们。

还有一个非常有趣的现象也值得我们思索，那就是，优秀的专业理财师，女性的数量比男性多，这绝不是偶然，再次反映了女性在财务管理方面有先天优势。

聪明的女人，在投资理财方面更懂得恐惧与知足，利用简单的理财工具，便战胜了更懂专业投资的男人。鉴于家庭财富需要安全和长期稳健增值，在家庭理财方面，如果先生们不具有特别的理财才能，太太们不妨接过理财重任，或采取新的合作方式，比如分工合作。男人提供理财策略和大政方针，女人负责具体执行和操作。女人天生就是财务好管家，不要辜负了这个天生优势，女性们财务方面的才华要得到更多的施展。今天起，聪明的你们，就让自己成为最棒的财务管家吧！

第2章
学习财富新智慧

在美国，有这样一个女人，如果想和她共进晚餐，那么请先付1万美元。这个出场费让许多好莱坞明星都望尘莫及。她叫苏茜，在美国被誉为“全球最出色、最富有激情、最美丽的个人理财师”，当然也是最富有神奇色彩的职业女性之一。

然而，如此成功的女性其成功起点竟然是餐厅女招待，那么她又是如何演绎自己成功人生的呢，下面就跟我一起走进从女招待到美国第一理财师的理财故事。

从女招待到亿万身家的理财故事

金钱并不是唯一的

苏茜出生在一个普通的美国家庭，很小的时候她就意识到，相爱的父母有时候也显得不那么幸福，很大的原因就是他们没有足够的钱支付账单。

苏茜回忆说：“那时在我家，金钱意味着紧张、忧虑和悲哀”。13岁的时候，她进一步体会到了金钱那震撼性的力量。当时，苏茜的父亲有一家小小的鸡肉食品作坊，出售一些汉堡、热狗和油炸食品。有一天，炸鸡肉的油着火了，几分钟内整个作坊成为了一片火海。忽然间，让苏茜一生难忘的事情发生了：他的父亲不顾一切地跑到火海中，因为他想到他的钱箱还在着火的房子里。她的父亲机械地搬起了那个已经被大火灼热的金属钱箱，并把它扛了出来。当他把钱箱扔到地上的时候，能够看到钱箱上粘着他胳膊和胸口上的皮肤。

父亲甘愿冒着生命危险冲入火海，让小苏茜意识到，对父亲来讲，金钱显然比生命本身更重要。从那一刻开始，“挣钱、挣大把的钱开始成为我的职业驱动，成为我的情感先决”，苏茜直言金钱于她的意义。

不过，单纯的“拜金主义”已经成为苏茜的过去。在追求财富的过程中，苏茜看到了金钱天使的一面，更看到了它魔鬼的一面。尤其是在当理财顾问的过程中，她看到了太多关于金钱的悲欢故事，自己也品尝到了金钱带来的痛，她渐渐领悟到金钱并不是唯一。或许正是这样从追求金钱，畏惧失去金钱，到最终控制和淡泊金钱的感悟，让她帮助很多美国人找到了关于金钱的“心灵钥匙”。

打造自己的财富事业

虽然那时苏茜立志要赚大钱，但她的第一份工作只是在加州伯克利的巴特卡普面包房当女招待。当时，她的梦想只是开一家有餐厅、美发沙龙的休闲娱乐公司。

有一天，她向父母说了自己的想法，并希望能获得他们资助，可是父母对她说：“我们没有足够的钱帮助你。”第二天，她带着失望的心情上班，向几位老顾客诉说了自己的烦恼。没想到第3天，一位叫弗雷德的老顾客居然交给她一张5万美元的支票，并给她写了一张便笺：这笔贷款唯一的抵押是你作为一个人的诚实，如果可能，10年后无息返还。另外几个老顾客也给了她一些贷款。苏茜第一次有了可以创业的启动资金。不过，她没有去开小餐馆，而是按照其中一位资助者的建议，去美林证券投资，并根据经纪人的建议购买了石油股票认购权，那时是1979年。

在开始的几个星期，苏茜的账户上获得了5000多美元的盈利。她完全被这种全新的生财之道迷住了，开始在自己的房间里贴满股票价格走势图，试图把握其中的规律。但是1979年的国际原油市场风云突变，石油股走势瞬间逆转，苏茜几乎失去了全部的投入和原先的盈利。苏茜开始意识到，他的经纪人并没有告诉她实话。

不过，让苏茜庆幸的是她选择了美林证券做交易，在证明经纪人对她的交易风险有误导以后，美林经过长时期论证，弥补了她账户里的亏损。这让她意识到，要对投资者负责，必须要选择正确的公司和正确的经纪人。于是她到美林证券谋了一份工作。

从此以后，苏茜开始了投资顾问的职业生涯。她一步步靠近自己的梦想。在美林工作3年多以后，苏茜便跳槽到了保德信证券担任投资副总裁。1987年，她建立了苏茜·欧曼财务集团，着手打造自己的财富和事业。

1995年，苏茜把自己的金钱观、理财经诉诸笔端，出版了第一本著作《挣到了，就别失去》。目前，该书已经在进行第25次重印，发行量超过了55万册。1997年她根据自己做理财顾问的实践，从心理学等角度来解析如何获取驾驭金钱的能力，出版了《九步达到财务自由》一书。该书成为当年美国最畅销的非小说类书籍，目前的发行量已经超过了210万册。

苏茜认为，虽然各国文化对金钱的理解有差异，各国的个人财务制度以及金融机构的个人产品也有所差异，但总体来讲，其投资原则是一致的。

要从心理上克服畏惧金钱力量的因素。她说，我们已经认识到了金钱的强大力量。如果不能驾驭金钱，我们就会感觉恐惧，对生活充满气馁。相反，如果学会如何平息这些恐惧，懂得金钱的规律，采取正确的行动方式，我们就学会了关于富足的必不可少的一课。

苏茜觉得，每个人都免不了与金钱打交道，富足的人就是从心理上驾驭了金钱而感觉满足，而更多的人总是为金钱奔波，不知道未来，内心充满紧张和不安。虽然快乐的程度并不与金钱的多寡成正比，但苏茜觉得要达到财务自由，关键是“要学会如何吸引和创造大量的财富，并且要明智地使用金钱，让金钱为自己服务”。

由此，苏茜完成了从一个餐厅招待到全美第一理财师的蜕变，成为全球女性的成功典范，为我们很好地诠释了金钱与命运的故事，同时也说明了金钱并不是唯一，要学会驾驭金钱，让金钱成为我们幸福生活的营养品。

作为已婚女性们，并不一定要成为苏茜那样成功的人，但是我们却可以学习她的金钱观念、对金钱的态度，学会驾驭金钱，而不是成为金钱的奴隶，学会让金钱更好地为我们工作，成就我们的幸福人生，这也是这本书希望带给大家的内容。

学习智慧女性的理财经

已婚女性学习理财之道，当然少不了跟智慧女性取经。在财经界、文化界，都有不少值得我们学习和聆听的智慧女性。有两个有代表性的女性人物，一个是中国智慧女性的代表杨澜，另外一个是才貌双全的理财达人何丽玲。下面，就让我们一起来聆听她们的财富故事，学习其中的财富智慧。

幸福女人杨澜的家庭理财经

入行20年，做主持、带孩子、开店，忙得不亦乐乎的杨澜一直是圈里圈外众多女性的偶像。谈起自己的成功经和自己的家庭理财方式，杨澜不禁屡次感谢丈夫吴征“在背后的欣赏”，当被问到是否觉得自己是最幸福女人时，杨澜像孩子一样开心地笑起来，她感叹自己的“幸福经”就如巴菲特的投资原理，“精于选择，长期持有”。

“财女”杨澜说：“我觉得财富带来最大的好处，是让你有不做自己不喜欢事情的权利，从这一点来说，财富是非常值得拥有的。”没错，如果不想被束缚去做自己不喜欢的事，最好的办法就是让自己“不差钱”。想要不差钱，就要学会理财。想要成为一个成功的“财女”，就要从现在开始拿起理财的武器，通过对收入、消费、储蓄、投资以及财富心态的学习和掌握，合理安排自己的收入、完成财富的积累，为轻松、自在、无忧的人生打下坚实的基础，摆脱“月光”，不要“穷忙”。

不为追求金钱所累，不被财富匮乏束缚，让自己活得更轻松、更惬意、更洒脱、更时尚、更有品质——这是理财的艺术，也是人生的义务！

理财不是理“一时”之财，而是理“一世”之财，它是每个人都需要做的事，因为我们的一生都跟财富有关。如果你还没有羽化成不食人间烟火的仙女，那就别跟自己的“财运”过不去，让自己拥有美丽的财富人生是你不可推卸的责任。

智慧与美貌双全的台湾理财达人何丽玲

受祖母影响甚深的何丽玲，很小就明白，美貌和理财是女人一生最重要的事。

在她8岁时，祖母就开始教她如何记账，小学五年级，她便知道互助会的窍门，接着，22岁投资“小蜜蜂”电玩机，赚进人生第一个一百万，然后投入股市，从指数九百点做起，跟着又相中房地产，做起法拍屋生意，现在，她更跨足减肥诊所、医疗美容与邮购市场，曾经是春天酒店的董事长，同时，还在杭州、上海等地开设连锁咖啡馆，经营领域五花八门，却很少不赚钱。

高职毕业的台湾名女人何丽玲，曾经在一次访谈中说：“我很小就明白，美貌和理财是女人一生最重要的事”，她提到她的祖母告诉她：“女人读书成绩差一点没关系，但是一定要懂得理。”她在八岁时，祖母就开始训练她的理财观，丢给她一本账簿，教她如何记账，账本里有两百多个互助会名单，这个国小二年级的小女生，开始跨出理财的第一步。何丽玲也说过一句发人深省的话：“女人能年轻多久？可以无忧无虑多久？身为依赖成习的女性，有时候我们该思考，如果有一天发生意外状况，我有没有能力自给自足？总有一天我们必须靠自己想办法过日子，只有自己才能保障自己的未来”。因此，女人要有钱，并不是要追求享乐，而是生命的尊严。她说：“如果女人懂得理财，懂得独立，人生就是你的，女人无法在厨房中要求独立，学会理财才是追求独立自主的基础”。何丽玲在职场和情场的成功，不是没有道理的。

有些女性认为理财是男人的事，懒得伤脑筋，也有些女性害怕自己太能干而得不到男人的爱，但现实生活里，看到许多例子，懂得财务规划的夫妇，婚姻比较幸福，会理财的妻子也比较能够得到丈夫的欢心。身为女性的父兄或师长，为什么不能趁早指导女性学习金钱观念，如同教育她们举手投足像淑女一样？

开启家庭理财最佳模式

你还在怀疑自己的能力吗？当你看完苏茜是如何从招待摇身一变，成为全美最具影响力的理财师，在聆听完智慧女性代表杨澜和理财达人何丽玲的故事后，你应该清楚，家庭理财最佳模式就是：男人出外赚钱，女人在家理财！

俗话说，男人打江山，女人坐江山。那么，女人该如何“坐”好江山？男人是公司的CEO，那女人就要做家庭的CFO。

CFO该如何做

大部分女性认为自己在管理着家庭的财务。其实，很多时候，你的这种管就是管消费，管每个月孩子交学费，管全家人的吃喝拉撒睡，都是杂事。无非就是个家里的出纳员，水费、电费、物业费、房贷、车贷、信用卡……一笔没头脑的流水账！

买菜做饭看孩子就是当老婆吗？那么家里的佣人比我们能干多了。或者管住老公的薪金卡，女人会觉得管住男人的钱就管住他的人，演变成让金钱控制夫妻关系，而不是让夫妻关系控制金钱。

所以说，别傻到以为你真的在家里管钱！搞清楚你这个“管”是“管理”的“管”还是“管花”的“管”，你到底是个出纳员，还是一个CFO？从今天起，你需要重新定义自己。

从家庭的出纳员变成CFO，你就要学会有效、合理地处理和运用家里的财务资源，让家庭的花销发挥最大的效用，每一分钱都花在刀刃上，闲余的钱能进行合理的配置，让家庭财富实现稳健增值，以达到最大限度地满足日常生活需要的目的。

总体来说，作为家庭CFO，需要对家庭收入和支出进行计划和管理，增强家庭财务实力，并通过对家庭资产负债科学合理的配置，以减少乃至避免财务风险、确保家庭生活正常而不受影响，这样才能保证家庭的财务健康，也就是不会突然入不敷出或是现金流告急，看病还要靠卖股票卖基金。

其实，这本书的很多内容就是告诉您如何成为一名合格的家庭财务CFO的，这就需要您能在家庭储蓄、保障、投资三方面做好统筹，具体来说，就需要处理好家庭保障，做好小孩教育金和自己退休养老金的安排。能定期检查家庭的财务健康情况，能规避各种金融欺诈和投资风险，让家庭财富驰骋在健康大道上。

你要实现家庭资产的保值和增值，使家庭财富的增长跑赢长期通胀，让退休生活也能过得有质量。这就是做家庭理财计划，要把钱管起来，像一个真正的CFO那样。

女人：千万不要低估自己的理财能力

我觉得，作为已婚女性，一定要在家中管钱！当然，这和女权主义无关。女性应该发挥更大的作用，使一个家庭摆脱经济困境，这是健康富裕家庭生活方式的一项基本生活技能。

也许，目前对您来说，要学会掌管家庭财务，做好各种财务安排还比较难，但是，请相信我，只要你从今天起，能用心学习，不断积累经验，一定能管好钱。苏茜和何丽玲都是你的榜样，她们都是从平凡女性成为理财达人，所以，你也一样可以。

今天起，就开启最佳家庭理财模式吧，让你成为真正的财务管家兼CFO，把理财天赋好好发挥出来，千万别低估了自己的理财潜能。

理财是女人最理想的工作

说到女人最理想的工作，很多人会想到开个服装店或者咖啡馆之类的，其实在我看来，已婚女性们最理想的工作，就是理财！既然女人是家庭的CFO，那么理财这份工作应该就是一份专门为女人们量身定做的最佳工作。

能否经济独立，已经是衡量现代女性是否优秀的重要标准。因此，很多女性都选择告别全职太太的角色，重新回到职场，希望通过工作或事业来实现自己的经济独立，也让自己更有安全感。

说起高危职业，辣妈们想到的都是那些会危及生命安全、人身健康的职业，如警察、军人、矿工等。其实，本人认为，最危险的职业可能是全职太太。

作为全职太太的你，每天的话题是否只有饭菜、小孩、影视、衣服、麻将。你觉得除了小孩，男人会感兴趣几样吗？那么，全职太太有哪些弊端呢？

一、没有经济来源

女人一旦做了全职太太，意味着家庭全部开销都要依赖男人，先别说男人慷慨与否，至少女人要钱次数多了，都会觉得自己没用。全职太太在经济上对男人过于依赖，很容易滋长男人的大男子主义。

二、容易与社会脱节

很多人并不觉得自己每天在外打拼收获了什么，事实上，人类对知识的积累是潜移默化的，常年居家的全职太太，基本丧失和外界接触的机会，有一天想重回职场，才发现自己已经和社会脱节。

三、很容易变成黄脸婆

全职太太因为每天操心的是丈夫和孩子的饭菜，操心的是孩子的学业问题，为此，基本上每天过着菜市场、孩子学校、家三点一线的生活，刚开始或许在出门时还进行一番梳妆打扮，时间久了，甚至连脸都懒得洗就敢出门。

四、过分依赖男人会让自己变怨妇

全职太太不但在经济上依赖丈夫，甚至将所有的爱都倾注于丈夫，为此，全职太太也希望丈夫能够将所有空闲时间给予自己，但是，人都有自己的交际圈，难免会有些许应酬，全职太太就会时常因丈夫的应酬和丈夫吵架，久而久之，将成为丈夫心中的怨妇。

五、逐渐和丈夫没有共同话题

夫妻之间最怕的就是代沟，一个事业上的成功者和一个没事不出门的全职太太之间的距离会越拉越大，当夫妻之间没有了共同语言，仅剩下多年的夫妻之情去维系的婚姻，让双方都没有幸福可言。负心的男人永远记不住全职太太曾经为家庭多年的付出。

六、吃力不讨好

在物质经济年代，人都是势利眼，作为丈夫，只会给全职太太每个月的家用钱，不会额外支付“全职太太”薪资，为此，家务即便繁重，因为不能够直接换成票子，全职太太的价值很容易被埋没，也就是大家所谓的出力不讨好的事情。

七、孩子大了会莫名的空虚

如果说全职太太居家最大的乐趣是看着丈夫事业蒸蒸日上、孩子放学后和孩子聊天，那么，在孩子长大了到外地上大学后，全职太太会突然觉得自己在家中无聊至极。人清闲久了，不但会胡思乱想且会加剧衰老。

特别是在《婚姻法》新司解颁布后，许多全职太太们顿时有了危机感，更有网友将全职太太称为“最危险的职业”。全职太太纷纷走出家庭、走进职场，掀起了求职热潮。其实不论什么行业，只要通过合法劳动获得收入都能证明自己，充实自己的生活！走出去面向社会，接触新的事物，才不会被社会淘汰，才不会与老公没有共同语言，也才不会让自己变成高危人士，牢牢守护自己的婚姻家庭，幸福地生活。

其实，在本人看来，对于已婚女性们来说，理财就是女人最理想的工作。平时，女人们已经在相夫教子及其他家务事方面花费了很大精力，已经很难在工作上重新全身心的投入，这样要在工作上有突出表现就变得不易了。

观察身边很多家庭，也许是女人们怕自己在家庭中投入太多而迷失了自己，抑或是女人没有自己的收入，和丈夫在相处时，变得异常被动，越来越多的女性选择找一份工作，就算这个工作不能带来太多收入和实现自我价值。现在的社会观念也教会她们，无论如何，你不能没有自己的工作。

然而，她们却忽视了身边最重要也最理想的工作就是家庭理财，我们可以从多方面来看待理财这份工作。

首先，理财可以被视为一份工作。对于工作的基本定义，主要是能创造收入及实现自我价值，这应该是很多女性结婚后依然去找工作最基本的出发点。而理财，恰恰都能同时满足这两样东西。理财就是开源节流，实现必要储蓄，这就意味着创造更多隐形的收入，另外，投资所带来的收益，也是一份收入。理财这份工作做好了，会给家庭带来源源不断的收入和生活保障，这样的家庭贡献不就体现了女性们的自我价值了吗？因此，理财就是一份能创造不错收入和实现自我价值的好工作。

其次，理财也是一份需要交流和分享的工作。对于很多女性来说，结完婚还出去工作的原因，是因为她们认为还需要朋友与圈子，不然自己就会跟不上社会的变化。往深处理解，这应该是出于自己对交流与分享的需要，女人天生是喜欢交流也善于与人交流的动物，因此，如果没有了工作，就意味失去了很多与人交流的机会。其实，她们这种想法与需要，同样可以通过理财这份工作来满足。因为要做好理财，需要经常参加各种理财沙龙、理财课堂，还有各种理财主题的讲座等，这就免不了要与外界经常的紧密接触。现在还有各种女性理财社区和组织，通过积极参与理财这份工作，就能结识到很多朋友，也能有很多途径实现交流与分享。

最后，这份工作还能让你提升家庭地位。很多时候，男人们在外面辛苦赚钱，回到家里，难免都会觉得自己为家庭做出了最大的贡献，女人们应该好好听话，自己来主导家庭的决策。然而，如果女人们能在家庭理财这方面做出足够贡献，这样，你们就有底气和理由，跟负责赚钱的男人们平起平坐，让他们在家庭里对你更加尊重，同时，您也已经通过这份工作，手握财政大权，在家庭的地位和话语权自然就会比一般的女性高。

因此，只要女人们做好理财这份工作，就能避免成为全职太太所带来的种种弊端，它能成就你的幸福生活，也能帮你实现自我价值。今天起，就把理财当成你的最理想工作对待吧，你为之付出越多，也将从中收获越多！

只要女人能把家庭的财务安排得当，还能很好地打理自己私房钱的话，这样的女人，一定会是个自信的女人。自信能让你更有魅力，这样的婚姻关系能让家庭更加和谐，所以，理财这份工作真是一举多得的好工作，它应该无可争议成为已婚女性们的最佳工作。

防范黑天鹅——驴友被突如其来的洪水冲走

2012年 7月22日凌晨3点，来自驻马店的8名驴友在内乡县北部山区遭受暴雨洪水袭击，两名死亡，1名失踪。据了解，这8名驴友是在7月21日相约骑着摩托车来到内乡县北部山区的，当天，他们在宝天曼峡谷漂流后，8个人在七星潭景区大门外靠近河边的平台上搭起4只帐篷夜宿。夜里10点，一场罕见的暴雨袭击了内乡县北部山区，3个小时内，七星潭景区降雨量达到194毫米，形成山洪，瞬间把8人卷走。其中5人抓住树枝和岩石获救，3人被洪水冲走，被困的5人随即报警，被洪水围困的5人被武警消防战士、公安民警救出。

旅行，本是一件非常高兴的事情，然而，风险无处不在，一场暴雨就夺走了3人的宝贵性命。本次事故，有现场驴友拍到了整个过程。其实，就在一瞬间，走在最后的3位驴友，在惊慌失措中犹豫了一下，洪水片刻间就把他们冲走了。如果他们在灾难来临之时反应更快一点，如果他们的危险意识再强一点，也许就不会发生这样的悲剧。

在日常生活中，我们每时每刻都面临着各种人身风险，因此需要加强风险防范意识和应对能力。同样，在金融理财方面，我们也一样时常面临突如其来的风险，在投资领域，我们称之为“黑天鹅事件”。所谓黑天鹅事件（Black swan event），指非常难以预测且不寻常的事件，通常会引起市场连锁负面反应。从次贷危机到东南亚海啸，从9·11事件到泰坦尼克号的沉没，黑天鹅事件存在于各个领域，无论金融市场、商业、经济还是个人生活，都逃不过它的控制。

下一章，将与你分享如何通过走出理财误区，做好家庭理财自我体检，还有金融欺诈的识别等方面，减少家庭财富发生“黑天鹅事件”，让家庭财富走上健康大道！

第3章
让家庭财富走上健康大道

随着中国经济的迅猛发展，老百姓的财富积累速度也比以往来得更快了，但是，与此相对应的财富观念、理财技能与方法却没有及时得到提升，因此，家庭财富就像身体一样，出现不健康状况，即财富亚健康。那么，你的家庭财富呢，是否也处于亚健康状态？

作为掌管家庭财政大权的女性们，也要像保护我们身体那样，时刻保护我们的财富，让家庭财富始终在健康大道上行驶。这需要做到以下几点。

首先，女性们需要自己走出各种理财误区。如果自己都没有正确的理财观念，又怎么能让家庭财富处于健康状态呢？因此，女性要清楚认识到自己所面临的各种理财误区，然后正确面对，改变原有的思维，重新获取正确的理财观念，这是家庭财富健康状态的基本保证。

其次，要学会做好家庭的财务体检。对于我们的身体，都明白需要定期做体检，这样可以达到预防胜于治疗的效果，就是要让身体发生任何大的健康问题之前，先做到对自己健康的状态了如指掌，才能应对未来的身体风险。然而，在家庭财富方面，我们多数人却容易忽视它的健康状况。定期做财务体检，我们将更容易了解家庭财务问题，有助于我们发现问题和解决问题。

第三，学会避免各种金融欺诈和投资的黑天鹅风险，避免让家庭财富发生重大的损失。现在的金融投资理财市场，处处充满了欺诈，各式各样的欺骗手段层出不穷，作为投资者，得睁大眼睛，看清各种金融欺诈的本质，避免上当，让家庭避免不必要的财务风险。

在本章我们将就以上几个问题一一展开来跟大家一起探讨，如何让女性们走出理财误区，学会家庭财务体检，以及规避金融欺诈与投资风险。

走出已婚女性理财误区

调查显示，在理财人群中，个人理财行为的比例只占10%，以家庭为单位的理财行为则占到了90%，而在家庭理财中扮演主角的男女两性比例，女性高达68%。高财商的女性们明白，做好家庭理财，是提升生活品质的一种方式，也让自己和家人都可以享受到更加优雅、从容的生活。为培养现代女性理财意识，使她们形成科学的理财观念，我们需要将已婚女性各种理财误区进行分析，让大家能走出这些误区，成为家庭的智慧理财达人。

在理财咨询工作和做这个已婚女性理财调查问卷的过程中，我经常听女性客户讲到“我结婚几年了，关于我们家的收支情况，我就是知道一个最后的数字，偶尔规划一下”“家里的余钱都让我放到银行去了，我现在只是存折、储蓄卡的保管员。”在笔者的调查采访中，不少接受问卷采访的女性都表示自己掌管家庭财政大权，在家庭财务收支问题上具有较大的自主选择空间，但其个人对于家庭理财目前还没有明确的规划，更多地停留在“攒钱”的层面上。国家理财规划师专业委员会秘书长刘彦斌说过，中国的绝大多数家庭都没有科学的理财计划，最主要的原因就是缺乏必要的理财知识，从而导致家庭理财普遍缺乏合理的规划。刘彦斌认为，中国女性比男性在家庭理财方面更加有优势，中国女性精打细算的天赋是家庭理财的关键，而女性的细腻敏锐也非常适合做理财工作。

本人在工作中曾经接触到不少已婚女性，她们对家庭理财抱有这样或那样的误会，我把这些误区总结如下。

误区一：只有专家才能理好财

因为不少女性对数字、宏观经济没有兴趣，所以就认为投资理财是件复杂困难的事，非自己能力所及。而实际上理财是一个日常积累、摸索实践的过程，不需要有什么负担和压力。“你不理财，财不理你。”只要学好理财知识，每个人都可能理好财。

在实际工作中，确实不少已婚女性对于股票、基金、保险、银行理财产品这些一头雾水，觉得里面有太多的数字、合同条款、专业术语，听起来就头疼了，其实只要一点一滴的学习，还是能把一些重要的专业知识学懂的，专业知识其实也没有想象中可怕。不然，就不会出现那么多优秀的女性理财师。

客观来说，家庭理财是对您非常重要的一件事情，您需要积极的心态和正确的理财观念，结合正确的理财方法，而这一切，可以找专业的理财师来协助你，但是不代表自己可以不学习。理财，还是需要你不断去学习，慢慢让自己成为一个合格的家庭财务CFO。

误区二：理财是有钱人的“专利”

有一句老话：“钱多有钱多的理法，钱少有钱少的理法。”工薪家族更需要理财，因为与有钱人相比，他们面临更大的教育、养老、医疗、购房等现实压力，更需要理好财。

理财应该从第一份收入开始，已婚女性既然是家里的CFO，更应该理解理财的重要性，而不能错误地认为，只有等家里的存款变多的时候才理财。开源节流，强制储蓄，只是理财手段的一部分而已。

误区三：理财随大流

不少女性都会在理财上犯跟风的毛病，看身边人买保险就急着填保单，听说有人买基金赚了钱又马上去做基金。理财是个性化的东西，因人而异。不同家庭类型、不同收入水平、人生不同阶段的理财方案都是不一样的。

正因为理财是个性化的，这也是日常理财咨询工作的重点。我们需要了解客户的不同财务状况、不同家庭状况、不同理财需求，相应给出理财建议和解决方案。因此，理财一定不能随大流，需要找一位优秀的理财师为你量身定制理财方案。

女性是天生喜欢交流分享的动物，在理财方面，一旦有好的东西，一定会跟身边的女性朋友分享，因此女性在金融理财方面不如男人有主见，很容易出现跟风现象。比如，身边的朋友给小孩买一份保险，自己就会跟着做一样的事情，又比如，一旦听到朋友分享银行里有哪一款不错的理财产品，又会跟风式的购买，这些我在工作中就经常听到，如果你问她为什么买这个，她会告诉你“因为我身边的朋友也买了，所以我也打算要买”。

误区四：理财就是保值增值

家庭理财是一个非常宽泛的概念，包括教育规划、消费规划、现金规划、退休与养老规划、保险规划、投资规划、税务筹划、家庭财产分配与传承等，涉及家庭生活的方方面面。理财可以让家庭财务状况达到平稳，它并不是投机，理财不意味着发大财。女性理财从教育规划开始，“如果从专业角度而言，女性从事家庭理财的基本步骤就是要先设定理财目标，分析财务状况，再制定理财计划，跟踪账户信息，总结提升效果评估。但简单地说，就是每个家庭要有一个账本，上面要有自己家庭收支情况、还应有家人对生活期望、社会上推出不同理财产品的特点等等。”刘彦斌说，理财是家庭生活的必需品，是每个女人还有男人一生都要不断学习的课程。

因此，家庭理财是个系统性的工作，它需要考虑到非常多的情况，这就需要您能全盘了解家庭的财务情况与未来生活目标，然后通过合理的财务安排来达成各种目标，而这样的事情，最好能有专业理财师助你一臂之力。

台湾著名漫画家朱德庸在论女人时有一句话：女人如果不性感，就要感性；如果没有感性，就要理性；如果没有理性，就要有自知之明；如果连这个都没有，她只有不幸。

你想当什么样的女人，聪明且美丽？柔美而坚韧？集智慧及幽默，自信耀眼而不显骄傲？做个有智慧的女人才最明智。有智慧的女人懂得感恩及用心经营生活，爱惜自己、聪明工作、正确理财、为自己计划一个安全美好的未来，而这个美好未来需要一份理财计划来配合才能实现。

从现在开始，你就要消除自己对理财的误区，把自己修炼成一个理财达人。以下几个破解理财盲点的建议也许可以让你重拾理财的信心，找到相应的办法。

1. 缺乏专业知识，对自己没信心

不少女性对自己没信心，对理财心存恐惧。由于女性相对“感性”的特质，多数女性对数字、繁杂的金融市场分析、宏观经济分析没兴趣，而且不认为自己有能力做好，总认为投资理财是一件很难的事，非能力所及，能不碰最好就不碰。

◎破解盲点：

身为e时代的女性，不但在经济能力上不输男性，在理财上也可迎头赶上。只要肯花些心思，建立在理财上的信心，你会在理财领域上表现得比男性更好。世界货币基金组织首任女总裁拉加德，智慧女性杨澜，理财达人何丽玲，都已经向我们证明，女人可以在金融和理财领域比男人做得更好。

对于不熟悉及没时间理财的女性朋友，建议你不妨以“定期定额”投资基金入门，让投资专家帮你，基金定投不需刻意选择投资时点，且只要拉长投资期间，坚持定投3到5年以上，经历一个投资周期后，就能逐渐看出“定期定额”的收益，这样的投资方式最适合刚入门及没时间的女性投资人。

如果有兴趣学习理财的，还可以多参加一些理财沙龙和理财课程，不断学习，就一定能提高自己投资理财方面的专业知识。

2. 没有时间

现代女性撑起职场半边天，上班在职场上冲锋陷阵，下班后是个全能太太、妈妈和管家，这些事做完已有些体力透支，总认为自己没力气再规划投资大计，“有时间赚钱，没时间打理”已成为现

代女性通病，究其原因你会发现，忙就是罪魁祸首。

◎破解盲点：

要占尽时间优势，就要积极“变出”时间来，比如利用零碎时间学习理财知识，坐车或等人时都可阅读理财报刊，上网时浏览理财网站等。又比如多采用便利理财工具，很多金融业务只要开通网上银行就可轻松办理转账、基金买卖、缴纳费用等业务。有效“时间管理”是女性成功理财关键因素。

现在的互联网金融，为我们的理财提供了更加便利的途径，像余额宝、微信理财等途径，都是非常方便的理财途径，只要我们养成良好的习惯，时间总是能挤出来的，就看你愿不愿意。

3. 害怕有去无回

在很多女性看来，投资就等于投机赚钱，无法忍受在投资的过程中有亏损的可能性。

女性投资人相对于男性较为保守，多数人无法承担在投资过程中遇到市场低潮的状况，此外，面对投资有时较为患得患失，常常是投资下去怀疑是否买对市场，卖了又怕卖错时机。

◎破解盲点：

事实上，投资回报永远伴随着风险，在投资的过程中，市场风险其实一直都在，差别在于怎么面对它，管理风险，需要科学的方法。建议您应该抱持平常心看待市场变化，其实只要能在相对低点进场，以定期定额方式，坚持长线投资，并耐心静待市场翻转，当股市由空翻多，定期定额长期下来的投资效益将逐步显现！其实基金投资可以像买青菜一样简单，只要你能掌握其中的技巧和心态。在后面的章节中，会谈到基金投资的内容。

4. 我每个月剩不下钱，无财可理

大多数女性都常常会冲动消费，尤其是一些年轻女性，喜欢用信用卡消费，常常疯狂购物，一不小心就成了“月光族”，无财可理成为她们逃避理财的又一个光荣的借口。

◎破解盲点：

如何控制购买欲？首先，在选购东西时，要慎重考虑自己目前是否真的需要这件东西。只买自己需要的，而不是买自己想要的，哪怕它十分优惠，因为每个人想要的东西都太多了，永远买不完。其次，身上不带过多的现金是控制随意花钱的好方法。

理财需要持之以恒，适当调整自己的消费习惯，完全可以使自己“有财可理，理财有道”。

5. 有老公在，我不需要理财

做得好不如嫁得好，有的女性把未来寄托于找个有钱老公，这个观念是潜藏在很多女性心里的致命伤。

有的忽视了个人创造、积累财富能力的提高；有的则凡事依赖老公，认为养家天经地义是男人的事情，自己只要管好家就行了。

◎破解盲点：

嫁个好老公，未必能获得幸福，关键还要自己做得好，有“驾驭”好老公的本事。

如果你有幸嫁了个会赚钱的好老公，就更加要帮助他管理好辛辛苦苦赚来的钱，否则很容易“人财”两空。

如果你嫁了个赚钱不多的老公，你必须做三件事：第一，帮助他提高赚钱能力；第二，提高自己的赚钱能力；第三，打理好你们

夫妻俩来之不易的财富。

永远不要抱有“老公会养我一辈子”的想法。事实是残酷的，离婚率正在逐年上升，在万不得已的情况下，假如你的配偶过世或者和你签离婚协议，你准备好照顾自己了吗？

如今女性理财不是选修，而是必修。理财会让你觉得自由，不必依赖别人，偶尔还可以做做梦，然后把美梦变成真。

家庭财务体检

家庭幸福，离不开身体和财务的健康，要确保家庭幸福，必须首先使家庭财务始终处于健康状态，就如我们的身体状态。

那么，到底如何才能让我们对财务健康时刻了如指掌呢，这就要求我们学会家庭财务的自我体检。就好像我们去医院看医生那样，医生会通过量血压、测体温、验血等各种检验方式，来诊断我们的身体状态是否异常，通过诊断报告中的各种数据来分析我们的身体状况。同样，我们的家庭财务体检，一样是通过全面的财务信息汇总报告，然后通过各种数据和比率来分析，得出我们的财务健康分析报告。

首先，我们会有一份基本的收入支出表和资产负债表，它能清晰反应你的真实财务状况。具体内容如下：

收入支出表

收入	自己	配偶
薪金收入		
经营收入		
劳务收入		

续表

收入	自己	配偶
年终奖		
稿费收入		
红利收入		
房租收入		
退休金收入		
其他收入		
总收入		
支出		**年支出费用**
生活费用	衣食支出	
	房租/供房支出	
	交通杂费	
	父母赡养	
	休闲娱乐	
	医疗保健	
	婚姻生育	
	交际费用	
其他费用		
总支出		

资产负债表

家庭资产	金额（元）	占比（%）	家庭负债	金额（元）	占比（%）
现金、活期储蓄			房屋贷款		
定期存款			汽车贷款		
债券			其他贷款		
基金			信用卡透支金额		
股票			其他债务		
理财产品					
房产					
资产合计			负债合计		
家庭净资产					

现有保障

保险种类	保费	保险公司	缴费期限	保额
寿险				
重疾险				
商业养老险				
健康险				
意外险				
房屋险				
财产险				
车险				
其他				

通过以上收入支出和资产负债表，我们就能算出各种比例和指标，来分析出相应的家庭财务健康情况。

我们可以来看个例子：

王小姐，目前33岁，行政人事经理，丈夫34岁，高级工程师，有一个3岁小孩，目前收入稳定，家庭年收入37万元，年支出16万元，有自住房产一套，价值130万元，贷款34万元，另外汽车贷款67500元，现有活期存款5万元。夫妻俩有社保，无任何商业保险。

收入支出表

工薪收入	￥370000	食品支出	
投资收入		生活支出	￥36000
奖金收入		偿债支出	￥66000
其他收入		其他支出	￥58000
合计收入	￥370000	合计支出	￥160000
年结余	￥210000		

资产负债表			
活期及现金	￥50000	房屋贷款	￥340000
股票及基金		其他贷款	￥72500
房产	￥1300000		
汽车	￥140000		
定期存款			
其他			
合计	￥1490000	合计	￥412500
资产净值	￥1077500		

财务健康分析

家庭财务指标分析表

	财务能力	项目	参考值	实际数值	评语
1	财富积累能力	结余比率	30%	56.76%	过高
2		投资与净资产比率	50%	120.65%	偏低
3	风险抗衡能力	流动性比率	3倍	3.75	过高
4		流动性资产与净资产比	15%	4.64%	正常
5	债务清偿能力	负债收入比率	40%或以下	17.84%	偏低
6		资产负债率	50%	28%	尚可
7	生活幸福指数	财务自由度	100%	0%	过低

财务比率含义	
结余比率	结余比率=结余/税后收入。参考值：≥30%。结余比率≥30%表明您的控制支出和储蓄积累的能力是较强的，但同时也说明您的净资产规模是会受到通货膨胀的侵蚀的
投资与净资产比率	投资与净资产比率=投资资产/净资产。参考值：50%左右。既不要过高也不要过低，这样既能保持合适的增长率又不会有较大风险
负债收入比率	负债收入比率=当年负债/当年税后收入。参考值：40%。若该比率过低，可适当负债增加资金的使用率

续表

财务比率含义	
流动性比率	流动性比率=流动资产/月支出的比值。参考值：3左右。该比率为7左右，即足够每月开支的7倍左右，该比率偏高，即表示您的资产过剩
消费比率	您的消费比率为82.93%，偏高，该指标主要反映您的财务的收支情况是否合理，一般这一比率控制在40%至60%。您应适度控制消费力，保证生活质量
恩格尔系数	恩格尔系数（即食物支出占消费支出的比重）被用来反映居民生活水平，这个系数越大表明居民生活越贫困，越小则生活越富裕

综合评价：

目前的财务状况基本良好，您目前处于职业生涯的上升期，收入较为稳定且处于上升状态，具备了很强的风险承担能力；年结余率高，有很好的积累能力，为实现其他理财目标提供足够的资金来源；资产方面，房产比例过高，缺少金融资产配置，可适当增加；保障不足，需完善家庭保障计划。

以上就是一个财务诊断的例子，从填写收入支出和资产负债表，算出各种比率，分析出各种财务状况，最后可以对整个家庭财务进行全面的分析评价，对家庭理财起到根本性和指导性的作用，为解决家庭财务问题，实现财务目标提供了科学依据。

教你如何识别金融欺诈

如今，投资理财已经与我们的日常生活息息相关，我们每天都会接触到非常多的投资理财方式或各种理财产品。金融行业跟传统行业不同，它的投资都是看不见摸不着的，因此，金融欺诈比传统行业来得更多，也更加难以识破。

在美国，发生了一桩世纪诈骗案，它就是“麦道夫世纪诈骗”。

伯纳德·麦道夫是美国华尔街的传奇人物，曾任纳斯达克股票市场公司董事会主席。多年来，他一直是华尔街最炙手可热的“投资专家”之一。他以高额资金回报为诱饵，吸引大量投资者不断注资，以新获得的收入偿付之前的投资利息，形成资金流。这个骗局维持多年，直到2008年次贷危机爆发，他面临高达70亿美元资金赎回压力，无法再撑下去，才向两个儿子，也是其公司高管坦白其实自己“一无所有”，一切“只是一个巨大的谎言”。麦道夫的儿子们当晚便告发了老爸，一场可能是美国历史上金额最大的欺诈案这才暴露在世人眼前。

其实“麦式骗局”模式是典型的“庞氏骗局”，并不新鲜，即用高额回报引诱投资者，同时用后来的投资者资金偿付前期投资者。“庞氏骗局”这种模式一般只能维持两三年，而麦道夫竟然运用简单的骗局长达20年、数额高达500亿美元，欺骗了全球名流精英，各国主权基金和银行机构等，不得不让人“叹为观止”！

国内金融业越来越发达，随着投资渠道的扩展和理财产品的创新，近年来，金融理财欺诈层出不穷，金融欺诈犯罪事件越演越烈。伴随互联网金融的迅猛发展，P2P“跑路”、互联网理财欺骗维权事件频繁发生。在本节中，我梳理了近年来发生的一些典型理财风险事件。

骗局一：P2P平台跑路

2013年至2014年7月份，共有136家P2P平台倒闭或跑路，占到总量的11.3%。

P2P网络借贷风生水起，推动国内金融业发展，也混入了大批不法网站，携款潜逃和倒闭的网站不断见诸报端。

2014年年初，江苏淮安惊现P2P网贷平台骗局。P2P网贷平台实际控制人汪忠洲在淮安当地共建立了保险贷、乾坤贷、都梁创投、世纪创投、宝仕金融、江山财富、平海金融、光大信创、紫金贷9家P2P平台，并从这些平台中各收取100多万元的劳务费和平台建设费。而投资这些平台的投资者损失惨重，资金几乎全部损失，不得不艰难维权。

骗局形式：以高利为诱饵，采取虚构借款人及资金用途、发布虚假招标信息等手段吸收公众资金，突然关闭网站或携款潜逃。

跑路平台的特点：没有合作的金融担保机构；平台对借款项目进行自担保；利用高息吸引投机类的投资者，如年化利率高于30%以上。

如何应对：在选择P2P时，平台很重要！不仅要了解平台的背景，如风险控制能力、自由资金实力，平台的运作模式也很重要，如借款人来源，选择有抵押的人作为借款人，基本可以保障100%安全，但以信用借款者，主要以征信单、房产证、收入证明等作为评估参考依据，其风险仍存不可能完全避免。

Tips：P2P是指个人与个人之间的借贷，以P2P平台为中介机构，把借贷双方对接起来实现各自的借贷需求。选择有正规资质，规模较大，信誉好的公司进行投资，这样可以使资金得到保障。选择不动产抵押类的P2P理财产品风险相对来说要小一些。

骗局二：有限合伙基金骗局

有限合伙基金因收益高、投资范围大而广受欢迎，在广东市场上也有不少投资者参与其中。然而，这类产品近期却频繁爆发兑付险情。

2014年，海沧资本管理人卷款5亿元跑路，其发行的项目无足额担保、资金无第三方托管等，已成为这一行业忽悠投资者的典型手段。业内人士指出，由于“操作空间”很大，有限合伙基金容易成为基金管理人的“提款机”，投资者在参与时亟待提高风险识别能力。

伴随海沧资本前法人代表姜涛7月8日彻底“失联”，本应打到公司基金账户上的依林山庄二期、“华瑞房地产一期”1亿多项目方回款亦不翼而飞。而伴随记者进一步的调查，姜涛和海沧资本300多名投资人4亿多资金的失踪背后，或是一场筹谋已久的“庞氏骗局”。

这个骗局很特别，因为姜涛这个人在之前跟我接触和联系过，那时他自己还没有出来注册公司，说有一些好的投资项目让我了解，可以推荐给客户。在经过初步了解后，我发现此类项目有一定风险，就没有接受，那是在2012年的时候，没想到在2014年竟然就发生了如此大的诈骗案，在最近两年，基于对风险的认识，我一直劝诫身边的客户和朋友尽可能少碰此类有限合伙基金，因为其中的风险真的不小。

骗局三：网络理财陷阱

有没有月息45%的理财产品呢？还真有，且全国2万多人成了这款理财产品的“幸运儿”。日进百万瞬间化为乌有，中国互联网金融诈骗最大案件曝光，涉案金额超过100亿元，上万人血本无归。金玉恒通，这个在2012年8月间突然出现在互联网上的公司名号，通过在各大视频网站、理财论坛，搜索引擎上的强势广告宣传，一夜之间，成为很多热衷投资理财的老百姓谈论的一个焦点。

一个包装完美的公司和企业家，又是跨国企业，又是爱心董事长，而且还有丰厚的高回报，这让所有了解过金玉恒通的投资客几乎都坐不住了，纷纷取出存款、卖掉房子、借入高利贷投入这项理财计划当中，而在所有投资客中，投资最高的一个人投了8500万，如果按照日息1.5%计算的话，这位投资者每天什么都不干就可以白拿127.5万元，这真是让人惊叹啊，估计会有很多人因为没有遇到这个超级理财计划而痛恨自己了。然而，好景不长，金玉恒通理财计划从2012年8月开始实施仅仅一年后，在2013年9月3日这一天，这个让上万人疯狂的理财平台突然宣布要暂时关网。

骗局形式：以“天天返利”、“保本保收益”、“收益可达50%以上”等诱惑性信息为噱头，打着帮投资者投资全世界最好的金矿生意或项目等的旗号，让投资者的资金汇入他人账号中骗取钱财。

如何应对：切忌被高收益迷惑，一定要认清销售人员和投资渠道的资质，遇到需要往某人账户中汇款的要求，一定要小心避免掉进陷阱。

骗局四：炒黄金炒白银等骗局

“中国大妈”因抢购黄金被指“完胜华尔街”，在国际上“一战成名”，反映出国人对黄金投资的热捧。然而，有不少打着“投资咨询”旗号的公司，招揽客户去炒现货黄金，他们往往通过内部的黑平台，让客户与公司对赌，炒光客户的钱，不少投资人已经中招。

广州的代先生称，某资产管理公司以“对接英国平台”为幌子，暗箱操作，骗取客户的钱，他投入33600元人民币（折合4800美元），不到半月，就亏损27062元。另一市民投入的35000元人民币，3天就亏到只剩630多元。这类炒金骗局屡见不鲜，投资黄金应到正规平台。

其实早在2008年，就发生过建国以来最大的黄金期货交易诈骗案，涉案交易金额高达600多亿元，受害者累计达1万余名，“世纪黄金”的黄金期货非法经营案堪称全国最大。经过一年多的调查和取证，此案在杭州上城区人民法院的大法庭开庭。这起案件涉及的金额之巨，人员数量之多，涉及范围之广，从堆在公诉人座位旁边一捆捆的厚重卷宗可见一斑。在不到三年时间里，张勇缔造了属于他自己的“黄金帝国”。但纸终究包不住火，2007年1月，针对群众举报，警方介入调查。

同理，白银期货和炒黄金是一样的诈骗逻辑和手法，只是投资标的不同，换汤不换药。

骗局形式：以高额回报诱惑客户开户，然后开始向你介绍现货黄金或白银，说现货黄金白银交易更加灵活，可以双向买卖，涨的时候可以做多，跌的时候可以做空，盈利空间大，开户后，有专业的老师带着操作，做了几天可能会赚一些，然后会说你的钱太少来钱慢，又让投资者加大资金量，结果就是无休止的亏损。

本质：实际上就是一场对赌游戏，交易软件被后台人为操纵，交易所、会员、代理商层层设置陷阱，行情处于高位时不能平仓、本该下跌的白银价格，在交易软件上却直线飙升……势单力薄的散户们要想赚到钱，几乎是不可能的，亏损的钱都被代理商赚走了。

如何应对：参与白银投资一定要选择正规的平台操作和交易软件，我国目前只有三家正规的交易平台——上海黄金交易所、上海期货交易所和天津贵金属交易所，而且正规的平台均有模拟盘，方便投资者进行模拟实际操作。

骗局五：民间借贷骗局

过去几年，身边接触过不少从事民间借贷的人，可以毫不夸张地说，已经是个“全民放贷”时代。从我最近了解的情况看，中国的民间借贷与“庞氏骗局”非常相像，比较可怕的是，经过近5年多的发展，这个“庞氏骗局”已经到了难以为继的边缘。

从去年到今年，已经陆续发生几个与民间借贷相关的重大事件，像山西首富邢利斌和广西首富廖荣纳，在企业破产和跑路时，背后关联的民间借贷规模就高达百亿。更可怕的是，这只是中国民间借贷庞氏骗局中的冰山一角。

有几个现象反映了这个局已经发展到相当严重的地步。

一、借贷者之广。民间借贷的普及率之高令我惊叹，放贷者之多甚至多过股民。

二、借贷的利率之高。民间借贷利息基本按月息算，行规基本月息三分起，最高的时候，月息曾经高达10分，即年息超过100%多，但是，不要说资产收益率超过36%，中国资产收益率超过15%的企业都属于凤毛麟角，究竟有谁能承受这么高的利率呢？答案只有一个，就是资金链已经断了的企业，或者资金链难以为继的“庞氏骗局”。

三、所有这些民间借贷最重要的担保物是房地产，另一个就是值得依赖的中间人。在借款人无力还款的情况下，无论是房地产还是中间人，都无法担保本金安全。很多时候，借款人自认为和经营民间借贷生意的人非常熟悉，知道他家里有多少房子和钱，跑不了自己的那么点钱，但这些人不明白，很多时候，民间借贷就像一条产业链，一旦其中的一些人或机构还不起，将会让整个借贷链条断裂，对方将被迫接受资金断裂，也因此出现无力偿还情形。

四、民间借贷崩盘已经在温州、福建等地发生过，温州属于对于商业比较敏感的地区，走得最早，问题也暴露得最早。现在，我看到其他一些城市的民间借贷也已经出现严重的问题。

五、一些朋友和客户已经卷入到出问题的民间借贷中。

六、一位民间借贷领域关系密切的朋友告诉我，他放贷必须监管资金去向，一般都需要成立一个新的项目公司操作，但一旦他提出这个要求，借贷者就却步了。这个现象明确无误的告诉我们，这些借贷者是在借新还旧，至于还旧的本金还是利息就不得而知了。这就回到了那个古老的比喻，借款人可能有十个锅，但却只有五个盖子（资金）。

投资界有句俗话：智者始而愚者终。五年前的放贷者或许是最精明的商人，而现在的放贷者可能成为庞氏骗局最后一棒的接棒者。值得警惕的是，伴随着民间借贷的崩盘，当地的房地产市场往往也会出现崩盘。

骗局形式：以年利率20%、30%甚至更高的回报为幌子，投资者一开始投入几万后，尝到“甜头”便追加几十万，甚至几百万，最终借款人逃跑、企业倒闭。

如何应对：还是那句话，天上不会掉馅儿饼的，民间借贷一定要小心谨慎，尤其是面对如此高的回报，我们更要注意风险控制。

Tips：民间借贷是指公民之间、公民与企业或其他组织之间发生的借贷行为，双方本着自愿的原则协商贷款利率、期限及贷款抵押等条款，合同即可生效。贷款利率不得高于同期银行贷款利率的4倍，超过部分不受法律保护。

骗局六：非法集资骗局

其实很多投资骗局都是变相的非法集资，除了上述骗局形式，还有很多。

假冒民营银行的名义，借国家支持民间资本发起设立金融机构的政策，谎称已获得或正在申办民营银行牌照，虚构民营银行的名义发售原始股或吸收存款；打着境外投资、高新科技开发旗号，假冒或虚构国际知名公司设立网站，并在网上发布销售境外基金、原始股、境外上市、开发高新技术等信息，许诺高额预期回报，诱骗人们向指定的个人账户汇入资金，然后关闭网站，携款逃匿；以投资养老公寓、异地联合安养为名，以高额回报、提供养老服务为诱饵，引诱老年群众“加盟投资”；或通过举办所谓的养生讲座、免费体检、免费旅游、发放小礼品方式，引诱老年群众投入资金。

由于章节内容有限，这里就只分析一些最典型常见的金融诈骗案例，还有一些其他的形式也随处可见。

骗局之所以屡禁不止，是因为有支持者，说难听点儿，支持者大多是“唯利是图”的人，不少投资者被巨额盈利所吸引，梦想一夜暴富，只单纯关注回报，忽视了本该更重要的风险控制。

还有一点也不容忽视，那就是投资者不了解自己的风险承受能力，很多人只是简单的了解甚至只是听说不错，便直接上阵交易，所具备的能力并不能把握投资结果的走向。

当然，一方面需要有关部门加强对金融理财市场的监管；另一方面，也需要投资者理性对待理财，不懂不了解的产品类型就不去接触。需增强风险意识，谨慎选择投资渠道。

在这里，也简单总结一些避免金融诈骗的要点。

首先，不要被高收益冲昏头脑，高收益背后一定是高风险。用非常高的收益来吸引投资者，是多数金融诈骗的共同特点，像民间借贷，黄金白银期货，都是用其高收益来让你上钩的。一般来看，一样投资要实现年化收益在20%以上，基本都是很难的，如果对方宣称很容易做到，而且没什么风险，那几乎可以肯定是骗人的。基本上只要是超过5年定期存款收益的投资，其收益都是不能保本的，像信托、有限合伙、高收益银行理财产品，常常都打着固定收益类理财产品旗号，但是可以肯定的是，在购买合同上，都是写着预计收益率或预期收益率的，它无法给你保本保息。因此，选择投资途径时，从收益率就能判断出基本的风险水平，20%以上年化收益率的一定是高风险投资，10%～20%也是有一定风险的。

其次，要看投资款是不是需要直接打到对方公司账户上，正规监管的理财产品，一般都是打到该公司在银行的托管账户。很多时候，如果对方需要你直接打到该公司的账户，甚至是其个人账户，那么你就要小心了。托管账户和一般账户的最大区别就是，托管账户里面的钱，该公司是无法随时挪用的，像基金和保险的投资款，都是基金公司和保险公司在银行开的相应的托管账户，还有证券公司也是如此，它们是无法挪用投资者的钱的，而像p2p、有限合伙这些，很多时候都是他们自己的个人或公司账户，它们可以随时挪用。

第三，做任何投资，都要弄清楚它的风险在哪里，你的钱将投向何处，对方如何控制风险。如果这些问题你都看不懂，看不明白，就不要轻易地做出选择。

当然，本节也只是给你分享一些常见的金融诈骗案例，它的形式与本质是怎样的，我们应该如何去辨别，从而避免发生在自己身上。如果需要真正有把握避免各种金融欺诈，还需要专业理财师的协助，我在给很多客户做理财咨询时，其中一个工作重点，就是帮助他们识别各种金融风险，规避金融欺诈。其实，理财最重要的核心应该是风险管理，而不是大多投资者所看重的收益。

第4章
规划你的幸福与爱

幸福的樵夫

在森林中的小路上，一个商人和一个樵夫经常相遇。

商人拥有长长的马队，一箱箱的珠宝；樵夫每天上山砍柴，背着柴刀和绳子。然而，商人整天愁眉不展，而樵夫总是歌声不断。

一天，商人又与樵夫相遇，他们坐在大树下休息。

商人叹道：“唉！真搞不懂，你穷得丁当响，怎么还那么快乐呢？”

“哈哈！”樵夫笑道，“我也不明白，您那么富有，为什么还不高兴呢？”

“我虽然富有，但我的一家人总是为了钱财争吵不休，总想拥有的更多，却没有一个人为我付出哪怕一丁点儿真情。所以我时常觉得自己一无所有，你说我能快乐吗？”

“哦，原来是这样！”樵夫道，“我虽然穷，但我能时时感觉到幸福，所以我很快乐。”

“是吗？那你一定有一个贤惠的妻子或者不久就要进门的未婚妻。”商人道。

“没有，我是个光棍汉。”樵夫道。

“那么，你一定有一件使自己快乐的宝物？”

“算是吧。那是一位美丽的姑娘送给我的。”樵夫说。

“哦？”商人惊奇了，“是什么宝物，令你如此幸福？”

“这个美丽的姑娘从没和我说过话，每次相遇，她总是匆匆而过。三年前，她就要去另一个城市生活了。就在她临上车的时候，我看见了她含情脉脉的目光，我把这永恒的瞬间珍藏在心里，足够我幸福一生了……”说着樵夫又沉浸在幸福之中了。

看着无比幸福的樵夫，商人心中说道：“真正的富翁应该是他，我才是个名副其实的穷光蛋。”

人生的财富中除了金钱，还有很多更重要的东西，比如简单的幸福。

幸福，是人类永恒的追求，而充满爱的幸福，应该是女人最向往的生活了吧。金钱无法与幸福画等号，但是，金钱却是幸福的基础，它能帮助我们实现各种人生梦想，从而找到真正的幸福。

也许，很多人会觉得自己也可以成为幸福的樵夫，而这并不需要金钱来配合。

著名的理财专家毛丹平博士说过：“也许生活的幸福并不来自于金钱，但是财务的窘迫会深深地伤害我们的独立、自由与尊严。财富管理的智慧能帮助我们求解财务资源和人生目标的关系，从容规划人生，享受自我并付出爱。”

确实，正所谓“贫贱夫妻百事哀”，金钱带不来幸福，但贫穷的家庭很多都不幸福。

每个人对幸福和爱的定义都不一样，但是，相同的就是，所有的幸福与爱都需要你好好去规划与经营。其实，幸福和爱都是一种能力，而这种能力的其中一部分就包括管理财富的能力，所以，规划幸福与爱，离不开财务规划。

已婚女性做家庭理财规划，其实就是规划你的幸福与爱。理财其实就是理人生，通过理财规划，理出充满幸福与爱的人生，这才是理财的根本目的。

每个人都期望获得充满幸福与爱的人生，这才是人生的归宿。幸福，是所有女性向往的目的地，幸福与爱都是人生感性的方面，女人天生就是感性动物，只有细细品味生活中的点滴，才能感知，而这些，同样需要您好好去规划，这就离不开理财。

今天起，就为了您的幸福人生，好好规划家里的财务吧。如果幸福与爱是旅途的终点，而理财就是旅途的起点，规划你的幸福与爱，就从理财开始。

帆船的故事

理财，对于已婚女性来说，似乎是个复杂的工程，让人头疼，那么到底如何才能把握家庭理财的重点呢？

我们可以透过帆船的故事来理解理财的重点。

人生就像浩瀚的大海，充满变数，理财就像是一艘帆船，它能让你在面对浩瀚大海般的人生时，从容面对各种挑战与风险，但是这艘帆船如何才能扬帆四海呢？理财规划能帮助你在起伏不定的人生旅途中，找到正确的人生方向。

首先，这艘船需要具备三个好硬件：坚实无比的船身；韧劲十足的船帆；必不可少的救生圈。而理财的三要素就是：储蓄，保障，投资。储蓄对应船身，保障对应救生圈，投资对应船帆。把这三件事一起做好了，理财也就做好了。家庭理财需要做的，就是如何让它们三位一体，做到完美的兼顾与平衡。

现实生活中，有些人只注重投资而忽视储蓄。投资固然重要，但是储蓄才是理财的基石，一艘船身小、船帆大的船型在人生旅途中是注定走不远的。在我的客户案例中，就不乏这样的例子，她们一味地追求资产增值，看重投资回报，殊不知投资是有风险的，一旦遇到不顺，家庭生活就会受到很大的影响，比如很多人把要买房的钱，或者是家里的应急钱都拿来买股票，就是如此。必要的储蓄能让你的投资更从容，投资风险就如大海的波浪，时有发生，需要储蓄这个船身来应对。这种情况多发生在男性和少数投资风格进取的女性当中，因为男人通常比较喜欢投资，更喜欢追求短期收益，容易忽视基本的储蓄。这样的做的后果就是，一旦投资发生严重亏损，就像船遇到大风浪一样，家庭将可能无法承受。

还有另外一种普遍的情况，就是只相信储蓄不注重投资。这种在女性当中比较普遍，因为储蓄更有安全感，投资往往比较复杂，还伴随着风险，像股票、基金等投资都需要研究专业的金融数字，女人天生对数字不敏感，所以喜欢储蓄而害怕投资。然而这样的作为，后果也一样严重，因为储蓄的收益是无法跑赢通胀的，过度储蓄的行为将导致家庭资产出现贬值。我们在媒体新闻上看到的成都汤婆婆的案例就是反面例子。

1977年，汤婆婆在银行里存了当时可以买下一套房子的400元钱，一忘就是33年。33年后，这400元存款产生了438.18元的利息，扣除中间几年需要征收的利息税2.36元，汤婆婆连本带息仅可取出835.82元。此事在网上引起热议。

世行高级副行长、首席经济学家林毅夫一针见血地指出，“穷人把钱存入银行，实际上是补贴富人。”过度看重储蓄，一样会影响到我们的幸福生活，因为长期来看，储蓄是肯定跑不赢通胀的，我们的财富会被岁月慢慢地吞噬，那我们的幸福生活就会随着破灭。

最后一种，就是储蓄和投资两手抓，然而却忽视了保障的重要性。这种故事在我们身边也经常发生，储蓄和投资固然是理财的两个重点，但一旦缺少保障这个第三元素，就会让理财前功尽弃。就好像我们很多工薪家庭，由于缺少保障，控风险能力弱，一旦遇到大病或意外等情况，家庭将陷入非常被动的局面。一病回到解放前，一场大病可以消灭一个中产家庭。最近，网上还曝出一个更离奇的事件。

富翁信用卡遭误冻结 取不出医药费致子亡

40多岁的雒永成说，今年3月26日下午，他22岁的儿子突发疾病被送往凤翔县医院救治。次日凌晨2时许，转院至西安某医院。雒永成说，当时心想儿子的病情并不严重，于是临走时他仅仅携带了一张存有15万元的陕西信合富秦卡。到达西安的医院后，雒永成的儿子先是住进了普通病房。但由于病情突然加重，需转往ICU重症监护室抢救，得缴纳6万元费用，然而在医院楼下自动取款机取款时，钱却取不出来。起初他以为是信合卡不能联网所致，就急忙联系亲朋好友从宝鸡送钱到西安。

“钱送来时，重症监护室已被其他病人占用，儿子最终不幸去世。”雒永成难过地说，他多年拼搏也算事业有成，资产也达数千万元，却因“卡里没钱”没能救回儿子的命。

如果保障充足，就不会发生这样的悲剧。因此，储蓄和投资再多，万一被冻结或者出现意外，一切都是浮云，不能救家庭于万分火急之中。保障是平时用不上、关键时刻少不了的自我救助。

电影《泰坦尼克号》让我们见识到再无坚不摧的船身一旦遇到冰山，都有可能沉没，也是由于当时船长对于自己所驾驭的泰坦尼克号的坚固过于自信了，以至于没有安排足够的救生艇与救生圈，最后，当突如其来的灾难发生时，人间悲剧就此发生。所以保障也是我们理财的重要组成部分，平时看起来可能不起眼，关键时刻却能救你于危难之中。

储蓄和保障，两者的功能是相互独立的，但在形式上又有交集。储蓄的功能保险无法代替，同样，保险的功能储蓄也无法代替。所以，得出的结论是，家庭理财需要平衡。储蓄、保障、无风险投资、风险投资都要在家庭财务中占据各自的比例，不可偏废。因此，理财就是个三角形的金字塔，储蓄、保障、投资所形成的三角形就是最稳固的形状，金字塔的最低端是保障，再往上就是储蓄，然后是各种投资。

已婚女性们，通过帆船的故事，你应该清楚家庭理财三位一体的思维了吧，三者缺一不可。

综上所述，家庭理财需要就是要做到储蓄、保障、投资三者兼顾，才能让你的理财安排到位，让家庭立于不败之地，无忧未来！

保障是基础，储蓄是做加法，投资是做乘法。

在我的第一本书《为什么我的钱总不够花》中，已经跟大家分享了两个公式代表两种人生，你需要实践“收入-储蓄=支出”这个公式，这就是强制储蓄的思维与习惯，做好投资，就是要让强制储蓄下来的钱为你工作，这样，就能在1后面加无数个0，当做到这样的一天，财务自由的生活将会出现。

谈谈家庭理财重点

上一节我们学习到了储蓄、保障、投资三位一体的理财思路，知道了做好理财需要从这三方面下手。但是，对于很多已婚女性来说，还是有很多理财困惑，就是抓不住家庭理财的重心，这从书中最开头的理财调查问卷就已经看出来了，这也是我写这本书的其中一个关键的初衷，帮助大家来解决各种理财困惑。

已婚女性们的主要理财困惑如下：

1. 如何实现财富增值
2. 如何让家庭财务更安全
3. 如何挑选理财产品
4. 如何理清理财重点
5. 如何解决家庭保障

其中一个最为重要的困惑，就是弄不清楚家庭理财的重点。有些人会认为家庭理财重点是就是赚更多的钱，这是把家庭理财简单想成投资的结果。其实，家庭理财需要结合自身情况，进行全盘考虑和规划，然后制定出一个理财计划，并好好执行这个计划。

理财的基本目标就是实现财务安全与财务自由。一般来说，衡量一个人的财务安全，主要有这些内容：是否有稳定、充足的收入；个人是否有发展潜力；是否有充足的现金储备；是否有适当的住房；是否购买了适当的财产和人身保险；是否有适当、收益稳定的投资；是否享受社会保障；是否有额外的养老保障计划。

作为已婚女性的你，应该确保家庭有充足的现金准备、人身保险，有收益稳定的投资，有养老保障计划。理财要三位一体，保障、储蓄、投资同时做到位，现金储蓄就是一种储蓄行为，人身保险就是解决家庭的保障，收益稳定的投资和养老保障计划就是储蓄和投资的结合。

然而，还有一个必须考虑的就是子女教育规划，这个也应该纳入我们家庭理财的重点，毫无疑问，我们应该为子女提供最好的教育机会，这就少不了一笔专款专用的教育基金。

因此我认为，家庭理财重点应该就是解决三大刚性需求：①家庭保障；②子女教育；③退休养老。

下面就跟大家聊聊保险与家庭保障。

家庭保障是家庭理财的第一刚性需求，而保险是解决家庭保障的理想工具。但是我们很多人对保险还有很多误解，没有理解保险给我们带来的价值，下面就通过理财专家刘彦斌老师的经典话语，来深刻理解保险对于家庭保障的意义。

中国理财规划师专业委员会秘书长刘彦斌曾说过："如果不买人寿保险，即使你制定再多、再复杂的财务规划，也属于财务上的裸体。"人寿保险的最大功能体现在一种防守型的财务规划中，"它不是用来改变生活的，而是防止生活被改变的。"

最大误区：买保险当投资

刘彦斌指出，中国的老百姓在寿险观念上所取得的最大进步，就是认识到了寿险的作用，无论是风险保障还是生存保障，认识都在不断提高，买保险的人越来越多。而对寿险最大的误区，来自于对保险功能的理解。

"最大的误区还是把保险和股票、债券相联系相比较，把买保险当成一种投资。”许多消费者认为，购买某些投资型保险就是理财的全部，兼备了保障和投资功能，甚至更为重视投资功能。

“保险的确有保障、储蓄和投资功能，住院保险、大病医疗险等险种将单个的风险分散到整个社会，由大家来共同承担，可以说是一种社会风险共担的机制，同其他投资方式有本质的区别。”刘彦斌解释说。

返还仅是保障的补充

如果说储蓄是一种传统的家庭理财思维，那么，保险就应该是现代的家庭理财观念。刘彦斌强调，消费者应正确处理消费、储蓄、投资和保险的关系，“很多人总是将保险产品与银行储蓄比较，但实际上，保险最基本的功能是提供风险保障。”

买保险就是买自己的未来、买自己的养老，不是为了做投资。一纸保单所提供的是一种保障，是对于未来不确定风险的预防，是在人身遭受意外伤害时，对人身伤害的给付。而返还型险种所具有的本金返还、利息给付等职能，只是保障功能的一种补充。刘彦斌认为消费者买这类保险存下的钱，在某个年龄以后存活下来得到的保险公司提供的年金，用作未来养老生活是很必要的。

对个人来说，投保寿险是获得对未知风险的保障，使其在受到意想不到的损害时，本人或家庭可以得到经济上的补偿，确保家庭经济的安定。也可作为一种储蓄工具，在保险有效期内，被保险人可以得到保险金额和养老所需的支出。

单纯对比价格是危险的

针对某寿险公司指数课题组提出的“五大关系”，刘彦斌也发表了自己的观点。理财是为了明天的生活存储今天的财富，保险就是为了未来存今天的钱。当前许多年轻人存在月光、啃老等现象，用父母的钱支付自己的生活，对父母、家庭缺少责任，只重个人享受。一旦发生意外受伤或生病，就可能没钱支付医疗费用。

年轻人应转变消费观念，如避免过分超前、攀比、抢购等不良消费行为，把节省下来的钱放到家庭的保险基金里，购买保险要覆盖生活中可能发生意外风险的方方面面。“买保险是对自己和家人的一种责任，可以说既是老人为子女分担一份忧愁，也是晚辈献给长辈的一片孝心。”

“单纯的储蓄不能应付意外事故或重大疾病的巨额花费，即使你的存款足以应付，却会使你的生活质量大为受损，甚至捉襟见肘。保险有双重功能，在你平安时是一种储蓄，在你遇到事故时又能挺身而出，支付巨额费用，弥补意外损失，使你得以维持以前的生活品质。”刘彦斌认为，保险不同于一般的普通商品，选择保险更重要的是要看保险服务带来的价值，而非对比价格来决定保险是否适合自己。

对于已婚女性来说，理财的第一步就是要做好家庭保障规划；第二步，就是做好子女教育规划；第三步，为自己的未来养老做好提前规划。

如何看待家庭保障

你真的没有钱买保险吗？你真有抵御风险的能力吗？

随着保险知识的普及和人们保险理念的加深，越来越多人选择保险作为自己进行理财规划与风险管理的重要工具。但还是有相当一部分人对保险产生了很多的误解或不理解，有人认为保险根本没用，更有甚者认为保险是骗人的，那我就有两个问题想问问这些人，你是真没有钱购买保险吗？你真有抵御风险的能力吗？

如果你真没有钱买保险，就更别提抵御风险了，买保险的费用和风险带来的经济损失孰轻孰重，你应该算得清楚，其实买保险抵御风险的费用是任何家庭都能挤出来的，关键是你对风险的认知。

“穷”重保障，“富”看理财，没有保险保障，不管工薪家庭还是富足家庭都抵挡不了风险的来袭！工薪家庭一旦遭遇意外伤害、身故、重大疾病等风险，对一个家庭的打击几乎是致命的，富足家庭不仅要考虑因病返贫，还要考虑的不仅是个人合法资产的保全，还包括遗产分配即财富传承。一旦这些风险来袭，几十年的努力将付之东流，而保险是守富最好的方式之一，所以说没有保险保障，不管工薪家庭还是富足家庭都抵挡不了风险的来袭！

看看下面这个真实案例。

宁可死在去采访的工作路上，也不愿死在医院里

38岁的肖本富，是云南都市时报调查记者，贵州兴义人，他的无数报道改变过许多底层人和无助者的命运。如今他患上肺结核晚期，心肝脾受损，只能躺在病床上。

一个穷记者，甚至都掏不出所需的十余万元治疗费用！他说：感觉正在向死亡名单靠近！这个以“老黄牛”自居的人，已于6月底病况加重，妻子和年幼的孩子是他的全部牵挂。

2012年体检时，肖本富被查出肺部有阴影。他怀疑自己得了肺癌，但没有对任何人讲。体检之后，肖本富更加拼命工作，经常出差。

他的妻子看出来男人这是在拼命挣钱，她心有不忍，却又无能为力，只有劝说丈夫“不要太拼命”。但是，肖本富说：“我宁可死在去采访的工作路上，也不愿死在医院里。”

肖本富曾说：“做了这么多年记者，很多人因我的报道改变了命运，但是我自己的命运没有改变，甚至一直过得落魄。我也不知道为什么，我也没有认真总结过，我有时候甚至是一个得过且过的人。”

如果当初他为自己购买一份重大疾病保障，就不会沦落到今天这种地步，为了给自己挣得那十余万的治疗费，为了可以让家庭在自己生病的情况下，继续过上安稳的日子，却不得不更加努力的工作。可以看出，肖记者是一个很爱家、很有责任心的男人，但他却没有用对的方式来体现家庭责任，如果他懂得利用保险来转移生大病的风险，那么他就不需要面对今天的局面。因此，人生需要智慧，理财同样需要足够的智慧，而运用保险来解决家庭保障、应对各种风险，本身就是一种理财智慧。

有人当金钱耗尽了，才后悔缺少有效的储蓄计划；有人当年老贫病，才后悔未趁早存一笔养老金；有人当子女长大需要巨额教育费时，才后悔未事先储蓄；有人当意外事故发生了，才后悔没有及早参加一份保险。

保险是家庭经济保障的必然选择，就算我们相信只要努力工作明天就会更好，但是也免不了会有这样那样的烦恼，特别是意外或者疾病这些无法把握的事情，急需要用大笔钱时，我们能否保证家人继续过上美好的生活？发生在别人身上的永远只是故事，发生在自己身上的才是悲剧。世界上没有绝对的安全，但是我们可以拥有绝对的保障，保险是我们能为自己和家人做的最好的选择。

现代社会，我们每个人都面临着四大问题：医疗、教育、养老、意外，自己能承受得了多少？一个人再有能力，有两个风险是不能自己控制的，那就是意外和疾病，所以我们必须选择一个科学的规避方式——保险。

钱永远是挤出来的，风险永远是算不出来的！趁年轻给自己买上足够保险，是明智的选择。年老的你一定会感谢年轻的自己。正在犹豫的人，建议您尽快投保，因为风险无处不在，它不会等我们做好万全的准备才会降临（每天所发生的多起交通事故就是我们最深的痛），况且保费与年龄成正比，年龄越小，保险费也越便宜。

我听过这样的真实故事，三个病人住同一间病房，某保险公司的一个理赔人员带着50万现金支票和一束鲜花来探望其中一个病人，由于一份医疗保险理赔的及时帮助，没几天这个病人搬到独立病房去了。剩下的两个人非常羡慕，其中一个问："你有保险吗？"另一个沉默了几秒后答："我听朋友说保险是骗人的，结果我没有买！结果说保险是骗人的这个人到现在都不来看我一眼！"以后请记住别人买保险时别叫人不要买，你赔不起！不管我们现在多年轻，身体是贬值的资产，每个人都需要医疗健康保障。2013年全国重大疾病医疗费用人均18.6万元，你拥有多少？

是人就会遇到生老病死四件事，生不由己，死不择日，老是必然，病是难免，今天健康不等于明天也健康。人吃五谷杂粮，脚行四面八方，风险无处不在，疾病时刻到来，每个人都会走，有的人给家人留下保障，有的人却给家人留下悲伤和债务。

其实，保险就是一种风险管理策略，你通过将风险转移给保险公司，花最少的钱解决最大的风险，这也是理财智慧的一种表现，我们可以对比以下两种方式。

方式一：为了应对生大病的风险，选择自己储蓄来应对的方式，从第一年开始每年储蓄，直到储蓄到50万为止，然后50万存银行，得大病花50万，你的存款等于零。问题是，如果你还没有存够50万，就得了大病呢？

方式二：用保险来应对风险，同样存50万，只不过30万存银行，另外20万买大病险（保额100万），得大病得到赔付100万，花50万，还剩50万，加上银行30万，你的存款等于80万。

两种风险管理策略，孰好孰坏一清二楚。结论：没有保险，我们为医院打工；有了保险，保险公司为我们打工！清华大学才子王辰对妻子说：不要问我爱你有多深，保单代表我的心。23张保单，保险金额1180万元。不管我今后在不在，购买的人寿保险可以保证你和孩子过好这辈子。

保护家庭最重要的资产

什么是家庭中最重要的资产？你也许会说是房子，因为房子占家庭资产的比重最大；他也许会答是生意，因为对于商人来说，生意是家庭收入来源的全部；女人也许会说是婚姻，因为有了家，生活就有了依靠；男人也许会说是健康，因为身体是革命的本钱。

但理财专家说：家庭最重要的资产是家庭成员赚钱的能力。保住了赚钱能力，就保住了工作，保住了生意，保住了房子，保住了婚姻，保住了成就，保住了幸福。

而赚钱的能力是什么呢？是健康的身体、过硬的学识和足够的时间。

对于保护赚钱能力，我们应采取三个方面的措施。一是保证身体健康以增加赚钱时间，通常一个合格的理财师会将体检、健身等关于健康的消费列入必要支出项目；二是保证能力增长以增加收入，提倡终身学习、投资自我，不断实现自身人力资源的再更新；三是防范不可控风险，包括意外身故、残疾及重疾风险所导致的赚钱能力缺失，以及因通货膨胀、不当借贷、投资失误、婚姻失败所导致的财富损失的风险，同时购买充足的人寿保险。

理财的精髓

理财中最重要的是什么呢？是利益？是回报吗？都不是，实际上是保护我们的资产。因而理财守则第一条就是保护我们已经有的资产。

对于保障家庭已有资产方面，也有三种方式：适度借贷，购买足额的人寿保险，定期储蓄。这是因为借贷能够迅速提高人的生活品质，人寿保险能够保障和延续一个人的赚钱能力，而储蓄能够实现原始财富的积累，为“让钱生钱”打下基础。

理财守则的第二条是实现我们资产的增长，用钱生钱。在完成前期资本积累以后，我们就可以善用钱生钱的功能了。

换一个薪水比原来低但相对轻松的工作，对自己的健康也是一种保养，让自己有更多的时间去关注自己、家人和朋友，关注生活的品质和快乐人生的真谛。

说白了，理财关注的并不是用现有的钱获取最高的回报，而是我们生活的幸福程度。

从收入时代迈向理财时代，我们需要的是转变观念。

理财的目标是什么？在我看来就是：在保持家庭财富稳定安全的同时，实现资产的保值和增值。注重家庭资产的稳定和保值是理财的硬道理，打败通货膨胀就是目的，不要忘记我们最初是因为银行存款相对通胀的负利率才将钱从储蓄中提出来选购理财产品的。只要我们的收益可以抵御通货膨胀，我们的理财就是成功的。但很多人忽略了最初的想法，片面地追求高收益，这会让我们的家庭陷入窘境。我们要记住：理财的第一原则是不要赔钱，赔钱比赚得少对家庭的威胁更大。

保险一定要买，意外、医疗、大病、定寿一个都不能少，原因是我们在家庭中承担着许多责任，做父母时对儿女的照顾，做儿女时对父母的赡养，都是难以割舍的血缘情怀。避险是家庭理财的第一步，也是保障家庭生活稳定幸福的防火墙。

家庭收入一定要分配合理，收入和支出要配合，现实支出和未来支出要配合，固定支出和享受型支出要配合。任何情况的透支或者盲目都会导致日后不利的结果，投资者通常会为短视而付出沉重的代价。

收入时代与理财时代最大的不同是观念。我们开始关注未来，未来就在我们今天选择的背后。中长期规划讲究的是持续的投资，但并不是吊死在一棵树上。市场是一个轮动和循环往复的过程，2000～2010年是投资房产的黄金年，未来也许是投资股票基金市场或者保险产品的黄金年。

我们步入社会以后，最早的收入来源是工作收入，所谓的财务独立，是说我们的收入来源足够支付我们日常生活中衣食住行用的支出。但仅仅这样并不能说明我们的财务是健康的，所谓的财务健康是我们挣到的钱不仅能支付现在的生活支出，还要能为将来做些预先的打算。由此，我们的生活不仅有了消费，而且有了储蓄。实现强制储蓄的途径有多个，一个是银行提供的定期存款，用于储备应急准备金，另外一个就是购买相应的分红或投连保险，为了应付未来的必要生活支出，还可以通过基金定投，为以后的教育金或养老金而储蓄。

此外，人生风险无处不在，我们在财务健康的基础上要追求财务安全，这就如同我们在健康的时候需要注重运动和养生一样。保障类型的保险充当了家庭理财阵容中守门员的角色，一旦有风险侵袭我们的家庭，致使我们的消费增加或者收入减少，这个保卫系统立即启动，避免发生家庭财务危机。

当然，理财最终追求的是财务自由，获得财务自由的途径主要是通过投资来完成的。这当然不是说，如果不投资就无法实现财务自由，如果通过压制欲望和时间的共同作用，我们依然能在退休的某个时间达成财务自由。但我们更期待可以提前退休，早日实现我们想要的生活，这就需要依赖专业的投资。

我们要根据自己所处的生命周期，恰当地调整四个部分所占的比例。投资的收益，也就是我们说的资产性收入的产生，可以让我们摆脱繁重的体力劳动的束缚；我们不要吝啬用它来提高我们的生活品质，增加我们的储蓄，提高我们的保障额度；投资占我们总资产的比例时刻处于变化之中。如同我们在人生周期中表述的一样，越是年龄大的人，就越应该注重资产安全，等到我们退休以后，我们就彻底退出惊涛骇浪的投资市场，用平和的心态看待我们手中其实已经够用的资产，尽情地享受自己争取的人生。

收入是家庭理财的根基所在，理财最根本的两项任务就是保全收入和创造新的收入，理财的一切原则也都从这两项根本任务而来。

浅谈两金规划

家庭理财规划三大刚需中，除了家庭保障，其次就是子女教育金和养老规划。子女教育规划和养老规划，我在第一本书中已经有了一些分享，让大家能知道这个刚性理财规划的重要性及如何去实施。但对于很多人来说，还依然很难去重视这个问题。

杨女士，40岁，在一家医院当护士，收入还算可以，也挺稳定，有一定的积蓄和3套出租的房产。按理说，生活应该过得挺滋润的，但是，现在却内心纠结。原来，她女儿现在16岁，读高一，看到身边的表哥和同学们纷纷去美国读书，她也有这样的打算，如果杨女士真的满足女儿的心愿，3年后起码得准备200万人民币的资金。对于一般家庭来说，一下子要拿出这个数字，可不是件容易的事，如果杨女士决定满足女儿留学美国的话，她就得把全部房产变卖来实现，但问题是，那以后自己的养老又如何是好呢？一时间，杨女士陷于两难，一方面是女儿的出国读书，另一方面是自己未来的养老。

其实，除了女儿出国读书这个问题困扰她之外，另外一个问题就是她老公的事业。他是做工程项目生意的，收入非常不稳定，对现金流又要求高，说不准什么时候需要她来帮助，之前老公就因为工程生意需要，把自住的房产进行抵押，从银行贷款获得资金来维持。这好像一个定时炸弹，随时影响到杨女士的生活。一旦老公公司未来发生任何财务危机或债务纠纷，都会影响杨女士的养老生活的准备。

对于第一个问题，小孩教育金。我一直认为，这是一个家庭理财的刚性需求。在很多人找我做理财咨询时，对于有小孩的家庭，我都会告诉她们准备小孩未来教育金的重要性。然而，还是有不少人认为，现在自己的小孩还小，未来的事情太遥远，自己还没想过未来要怎么去培养，至于出国读书更加没有考虑，因此，小孩教育金不用太早安排。

然而，作为父母其实能做的就是给孩子提供更多的选择，而出国留学就是一种选择，如果有一天，小孩说自己想出国留学的时候，作为父母的你，能告诉小孩说我们家没有钱而不能让你出国吗？这就好比杨女士面临的困扰。如果我们能在小孩很小的时候，就为她准备好一笔出国留学基金，当那一天来临的时候，我们就不用那么痛苦。

因此，如果我们在小孩3岁前就开始为他做好未来教育金规划安排，即使未来小孩真的不打算出国留学，那我们也可以把这笔钱留给孩子未来结婚或创业使用。

像杨女士这个情况，当养老金和小孩教育金发生冲突时，该如何面对呢？在经过和杨女士的深入交流后，我建议杨女士不要把所有的资金都拿来支持小孩的出国留学，因为一旦这样，在失去房产和积蓄后，杨女士将很难再为自己准备有尊严、有品质的养老生活了，如此一来，自己的未来养老重担将势必压在女儿身上，这对于自己和女儿来说，都将不是一件好事，与其让儿女承担如此大的心理负担，还不如坦诚告诉她目前家里的经济情况，要么只去美国读两年硕士，而不是4年本科，或者选择澳洲等学费比美国较便宜的国家留学，这两个方式都能让出国留学费用成本从200万减为100万。这样，杨女士就能很好地兼顾子女教育和自己未来养老需要。

对于绝大多数传统父母来说，当这两者发生冲突时，我相信他们多数都会选择牺牲自己的养老计划去成就小孩。我想说的就是，这可不是一个非常好的选择，其实也是对孩子不公平的选择。我们自己的养老应该自己解决，而不能转嫁到孩子的身上。

因此，最好的方式就是避免这两种刚性理财需求的冲突，那就是在自己年纪还不大，小孩还没有长大之前提前准备。如果条件允许，就两样一起尽早准备，如果条件不允许，那就先准备一样，等过几年再准备另一样。只有未雨绸缪地准备好子女教育和养老规划，才能让自己的人生不再纠结，安然过上幸福生活。

不同阶段女性的理财重点

家庭理财，离不开已婚女性们的正确理财策略，女性要独立自主和体现家庭财务的CFO价值，就需要根据家庭情况，选择正确的思路。那么不同年龄阶段的女性应该如何理财呢？下面就针对不同阶段进行分析。

准结婚女性：基金投资+消费型意外重疾保障

这类人群年龄一般在22～28岁之间，初入职场不久，大多收入不稳定，这类人群如何进行理财规划？

这一阶段的女性都刚工作不久，理财目的大多与进修、旅游或储备结婚经费有关。这一阶段的收入一般而言也是整个工作生涯中较少的，所以应考虑到自身的年龄特点。这个阶段的女性，收入中的一部分可以存入银行，虽然目前银行利率较低，但利息的收益稳定；还可以投资一点信誉较好、收益稳定的优质基金；投保一些保费较低的纯保障型的定期寿险或住院医疗、消费型重大疾病等健康医疗保险。

此外，由于这一时期没有太大的家庭负担，还要为未来家庭积累资金。所以，首先需要积累自己人生的第一桶金。在此基础上，可以拿出部分储蓄进行较高风险的投资。该阶段的女性应做好两点规划：第一，由于刚进入社会，常常入不敷出，要压缩不必要的支出，可以尝试以余额宝为代表的各类“宝”，很方便地实现了储蓄和消费功能的结合，让手中的零钱实现了增值；第二，保障型保险，可以实现低保费、高保障，尤其是重大疾病保险，需要及早建立。

年轻已婚女性：基金定投+终身重疾保障+现金储备

这类人群年龄一般在28～35岁之间，刚步入婚姻殿堂组建家庭，处于人生重要变化时期，此类人群该如何做好自己的理财规划或家庭整体的理财规划？

刚刚组建家庭的女性，最应该关注的是家庭财富的初始积累。这类人群主要特点是负债比率高，房贷、车贷、消费贷款等多在这个时期发生。因此，家庭理财首要关注的是留存足够现金偿还各类贷款，现金储备可以购买银行理财产品或者货币基金，在此基础上增加财富积累。其次，在偿债能力足够的前提下，可以尝试中长期投资，为自己准备一个长期基金定投计划是不错的选择，如果是有孩子的家庭，需要开始考虑孩子的教育费用储备，基金定投计划就是教育金准备的理想方式。

该阶段女性需要建立家庭的保险保障，按照夫妻双方的财务贡献度，确定合适的保障额度。通常定期寿险和重大疾病险，要在覆盖了贷款余额的情况下，分别按照本人年收入的5倍和10倍来确定，拥有一份终身保障的大病保险和承担一定时期责任的定期寿险是不错的保险选择。

中年女性：子女教育基金储备+补充风险保障+养老金准备

这类人群年龄一般在35～45岁之间。当女性步入中年时期，此时孩子和家庭成为日常生活的重心，此类女性如何做好理财规划？

这个阶段也就是我们平常所说的“上有老、下有小”阶段。这一阶段的女性都较为忙碌，承受着较重的经济压力和精神压力，其理财目的相对于第一阶段的女性而言要复杂得多，大多集中于家庭开销、子女教育、赡养父母等方面。可以从健康医疗、子女教育、退休养老等三方面为自己作理财规划。购买保险的总保费支出应约占家庭收入的十分之一，保险额度约为家庭年收入的7～10倍。

在中年时期，随着孩子的出生，家庭理财进入稳定期。此时家庭的重心转向孩子，积累孩子的教育基金成为家庭理财的主要目标。目前金融机构针对孩子的教育储蓄积累方面有各类产品，保险、基金、银行都有相关产品推出，在此提醒该阶段的投资者，对于产品的选择需要根据各个家庭的自身情况区别对待，没有一个固定的投资思路，所以，选择合适的产品作为主要的投资内容，是这个时期家庭主妇们需要认真考虑的问题。

人到中年，家庭的最大开支变成了子女教育费用和保健医疗费等。随着子女自理能力的增强，随着小孩逐渐长大成人，应该重点考虑自己的退休养老计划，同时应加强自身保障，以大病保障型险种为主，此时应该根据需要，给自己补足相应的保额，之前所购买的保额可能已经不能满足未来的风险保障需求了。

单亲妈妈：子女教育金储备+保守型理财

此类女性缺少家庭依靠，面临较大生活压力，这类女性如何理财？

单亲妈妈同时面临着经济压力和社会压力。因此，这类女性的理财不能一概而定，各个单亲妈妈有各自面临的不同境遇，建议单亲妈妈注意家庭资产的流动性，不要过多涉及高风险投资。

单亲妈妈的压力比一般家庭较大，工作之余还要独立抚养小孩。对于这种家庭，首先自身保障一定要足够，因为如果自己出现健康问题或者有意外事故发生，对孩子的成长会有很大影响，建议购买足够的重大疾病保险和医疗保险，保障同样以“双十原则”为准。其次，建议适当、有计划地购买一些基金或者教育分红险，为孩子未来准备一笔教育金。再次，若有能力的话，还可以根据自己的理财偏好适当地进行一些投资，为未来退休金作准备。

中老年时期（45岁以后）：养老储备+财富传承

女性步入中老年时期，这时女性更应该做好相应的财务规划以更好地享受生活。这类人群，应如何做好理财规划？

这一阶段的女性大多已开始考虑退休时间，工作上相对轻松，子女大多已独立。无论是生活上还是心理上都即将面临空巢期，另外身体状况也相对较差。理财目的包括支持子女的事业家庭、保障自己的老年生活等。处于这一阶段的女性，可以从事一些房产方面的投资。因为房产投资往往需要较高的投入，收益期长而稳定，与老年时期的生活、经济需要相吻合。另外也建议自主立业，在社会上发挥余热，帮助安度心理空巢期。

总之，女性理财应以自身特点为中心，以生活工作需要为出发点，有的放矢地制定独特的生涯理财计划，争取生活、理财上双丰收。

步入中老年的女性，家庭的生命周期已经到了暮年，此时儿女皆有各自的工作事业，家庭支出减少，收入稳定。因此，在此生命周期中的投资者，已经不需要考虑中长期投资，他们的理财目标非常简单——保证手上有足够的现金流，跑赢通货膨胀。风险低、收益跑赢通胀的投资产品可以成为这一时期投资者的主要选择。

该阶段的女性由于个人工作能力、工作经验、经济状况都已达到了最佳状态，加上子女开始独立，家庭负担逐渐减轻，因此，最适合积累财富。此外，需要为自己存储一笔养老金，制定一个稳健养老理财计划，并且这笔钱要保证是不能动的，是未来享受高品质退休生活的专用基金。

该阶段女性首先要考虑养老储备是否充分，投资资产需要做到安全保本保值，考虑到资产传承的需要，为自己设计一份资产传承方案是必要的，而分红保单可以轻松实现资产传承的难题。

懂得驾驭财富才能真正拥有财富，才能决定自己的生活质量。根据以上不同年龄阶段的女性理财方案，能轻松处理好理财的关键和重点。

然而，以上理财建议只是针对不同人生阶段给出的一般性指导建议，并不是具体的操作建议，如果需要制定个性化的理财方案和实际执行，还是需要在专业理财师的协助下来完成的。

第5章
女人最亲密的爱人

一次在和同学吃饭的时候，听到这样一个真实故事。

她是一个漂亮、贤惠的女人，有一个幸福美满的家庭。她有一个爱她，每天努力工作给家里赚钱的男人，还有一个聪明可爱的宝宝。在结婚后的某一年，先生由于工作需要，被派遣到韩国工作，在此后3年中，先生一如既往地每月给家里汇款，他们也经常保持着书信的交流，贤惠的她也一直把小孩和家庭照顾得非常好。

突然某一天，她的银行卡再没有收到先生的生活费。起初，她还没有在意，只是以为先生太忙，没有及时汇款，但过了一个月，还是没有收到，连往来的书信也没了，此时，她才开始担心，先生那边是不是发生了什么事情。此后，她用尽所有办法去打听先生的下落，最后还亲自去韩国，然而却始终没有找到先生的下落。她非常伤心难过，无奈地回来了。

而就在此时，让她更加不能接受的事情发生了，也许是先生失踪的事情对她的打击太大，承受了巨大的生活和精神压力，她被确诊得了癌症。为了她6岁的小孩，她决定把银行里唯一的20万储蓄拿来治病，2年后，她还是没能战胜病魔，最终走了。而她的小孩，本来在她治病期间，有个好朋友一直帮忙在照顾他，也打算在她走后帮她把小孩抚养成人，但是从民政局得知，这种情况不能成为合法抚养人，而她的亲戚，也因为担心不能把这个小孩像正常人那样养育成人纷纷选择了放弃，最终，她的小孩被送进了孤儿所。

这是一个听完让人感慨万千的故事，它就发生在我们身边。在这一章中，我们就来探讨一下女人与保险这个话题。

保险到底是什么？它是不是真的是大忽悠呢？真的有像保险从业人员说的那么好吗？到底应该怎么看待保险呢？

对于已婚女性们来说，它有什么不一样的意义和作用呢？

女人与保险

本章开头讲述的那个故事，确实让人感慨与唏嘘，世事无常，当意外和风险降临的时候，我们每个人都很难独自去面对，因此我们需要一种策略和智慧去应对，而保险，就是风险管理策略的一种选择。它不会改变你的生活，但却能保证你的生活不被改变。

在很多女人看来，钻石让生活充满诗意，保险让生活得到保障。在广州和上海，许多女孩既爱钻石，更爱保险，如同男人既爱江山又爱美人一样，保险在女人眼里是实在的，平时可当作强制性储蓄，把钱管牢；一旦生病时可以报销医药费，减少家庭损失；万一发生意外时，大笔按揭贷款有人偿还；投资时可以获得稳定的收益，没有半点损失，而且免交所得税，这种满足感让女人喜欢保险。

前面这个故事中，如果她的先生有为妻儿投保一份人寿保障，如果她自己有为自己的健康买一份保障，也许一切都会改变，她有可能不会因为先生的突然失踪而面临精神和财务的双重压力，避免患上癌症的可能，也就可能避免自己没有任何金钱可以留下来给小孩，她的小孩的命运可能也就不一样。当然，这一切都是假设，人生不能重来，生命也只有一次。保险，作为每个家庭的守护神，如果能提前做好安排，会在风险发生时至少让我们的家庭不再受财务上的困扰。

保险，对于女人来说，有特别的意义，女人应该比男人更容易理解保险，也更应该选择保险，对于相对弱小的女人和孩子来说，很多时候比男人更加需要保险带来的财务安全与内心的安全感。

总的来看，女人可以有七大理由来接受保险、选择保险。

第一个理由：一份实实在在的保障

一个内心彷徨、没有安全感的女人，就算每天使用最好的化妆品，也不能掩盖内心不安带来的美中不足，已婚女性们，以后除了给自己购买最好的化妆品，还得给自己配置一些带来实实在在保障的保险。

第二个理由：保险是女人智慧的象征

据统计，在台湾，女人对自己个人金融资产的投入兴趣比例为：保险36%，存款38%，投资26%。在日本，聪明的女人选择男朋友也要“三高”：一要智商高，意味着小伙子会读书智商好；二要身材高，意味着将来“种子”比较好；三要保障高，意味着男朋友家庭有钱能承担责任。女人往往在谈恋爱时最易迷失方向，但对安全和金钱考虑并不比男人差，在单位里管财务的女人比男人多就可见一斑。

在中国，很多时候，选另一半的标准是看这个男人有没有房子，还有车子，其实这是很不靠谱的，如果因为买房子、车子而欠下银行一大笔贷款，一旦发生意外，如果无力偿还贷款，银行将收回房子，这种后果是不堪设想的，因此，以后选男人，除了问房子外，还应该加问一句“房子有贷款吗”，这是智慧的象征，对于女人来说，保险比房子更有保障，智慧的您明白了吗？

第三个理由：保险是女性保持青春的礼品

在电视里和生活中，我们经常看到一些女性，由于婚姻失败，她和小孩不得不面对残酷的现实，甚至牺牲自己的尊严，选择一种不情愿的生活。因此，保险能让女人活得更加有尊严，这样就能让女性的青春保持更长的时间。

在女人眼里，化妆品是青春的代名词，但这只是女人皮肤以外的美丽，而保险给女人带来的更多是安心和无忧，充足的睡眠和愉悦的心情，更能体现出女人皮肤以内的美丽，这份美丽更长久、更动人、更可爱！

第四个理由：保险好比结婚的合同

女人与男人结婚是两个活生生的主体，虽然有了一本结婚证明做保证，但这份保证是不牢固的，会因一方的违约而终止合同，而保险与女人的结合完全不同，保险自始至终是忠诚的，永远聆听女主人的使唤，是一个永远不会违约的男人。

你应该明白，有时候婚姻很脆弱，结婚证只是一张纸，结婚这个合同随时都会结束，而保险合同，可以跟随你一辈子，永不解约。

第五个理由：保险提高身份的资本

很多时候，女人的包包就是身份的象征，所以每个女人都会拥有一个名贵的包包来撑场面，然而，这只是外在的资本。而保险，就应该是女人内在的资本，拥有高保额的女人是身价高的象征，就好像一辆车一样，越贵的车，保险越贵，女人也一样，身价越高，保险就越高。有了保险的女人总比没有保险的女人贵重，在平时拥有保险的女人与老公生活在一起时，好像总有另一个情人陪着；一旦因意外需要改变生活的时候，保险给你带来的是身价和尊严，给你带来的是更多的选择和主动，拥有保险的女人更是女性能力和地位提升的体现。

第六个理由：保险是陪伴你终生的朋友

寿命对于每个人来说都是公平的，女人最大的幸福是长寿，任何一个女人都比男人多活8至10年的概率。女人最大的不幸也是长寿，任何一个女人都要有当8至10年寡妇的准备。当男人自然离开你的时候，只有保险将成为男人的缩影和最好的朋友，而且一直陪伴你到终生。

第七个理由：保险是可以依靠的男人

在许多女人眼里，保险是女人最放心的依赖，是一位从来不会背叛的情人，他从来不会像负心的男人一样，扔下女人不管，风风雨雨中总是静静地陪着，永远是一个温暖的怀抱照顾呵护着你。

因此，我们的生活离不开保险，而已婚女人更加离不开保险，保险就是你们未来更加可靠的依托。保险是保障、储蓄、投资这三位一体中最基础的部分，也是家庭三大刚性需求中的家庭保障部分。

那么，我们到底该如何选购保险呢？

学会拒绝人情保单

我们已经知道，保险对于女人的价值与意义，是所有其他理财工具不能替代的。然而在现实生活中，多数女性购买保险的方式，还是简单地通过熟人介绍渠道购买，并没有深入了解自己的需要和实际情况，在此，我希望你们要学会拒绝人情保单，因为它会给你带来很多不利的后果。

根据一项调查，超过80%的保险消费者，人生第一张保单都是向熟人或朋友介绍的人购买，其中，又有近一半的人是在顺应人情的状况下购买。在购买保险这件事上，有78%的被调查者坦承，最难拒绝的保险推销员就是自己的亲朋好友，因而有七成民众手中握有“人情保单”。

“人情保单”之所以让人困扰，是因为难以拒绝。有将近3成的人反映，如果坚持不买，会赔掉友情或亲情。更有超过一半的人承认，自己真的不需要新增保单，但却不知道如何拒绝才能兼顾情谊和自己的钱包。

有人说，熟人介绍的更靠谱

熟人可能真的不会骗你，但是记住一个问题，你不懂保险，所以他说的你听不懂，你更是没有办法判断他懂不懂，是吧？

我问过很多客户一般从哪些渠道购买的保险，几乎多数人都会说是熟人。

是的，买保险找熟人会更靠谱，但是有个条件，就是他真的懂保险这个东西。然而，很多需要通过人情保单来开展业务的，往往专业水平都非常一般。

有时候熟人的面子反而是障碍

现代社会，人们的维权意识已经越来越好，一旦购买的东西达不到预想要求，我们就会进行投诉和维权，但是如果这个东西有人情在里面，很多事情反而会自己咽下去认亏。回家打自己巴掌，谁让你买人情单。

保险也是一样，而且保险的人情单还有另外一个特别的地方，就是销售给你的熟人，他只负责卖，把这个保险的复杂的条款用白话解释给你听，但是他不负责理赔，所以很多东西他也无能为力。

到时候，你要想找保险公司打官司什么的，你还得考虑，你这样做，你们的友谊还能否继续，会不会连累到他？为了这么点钱，友谊破裂是否值得？最讨厌的是，这个钱吧，不多不少，不要回来，憋得慌，要回来更憋得慌。

小心被二次误导

能成为你的朋友，一定是某些习惯或者兴趣和你相近。他可能真的是很想推荐给你好的产品，但是有时候，好心办坏事真是挺普遍的。

我朋友表妹有个很好的闺蜜也是保险代理人，给她推荐了一款保险。因为表妹的关系，我朋友也认识她，加了她微信。那时候看她微信上头写着，年存多少钱，几年后可以取多少，收益率相当于多少。其实按她这样的宣传可以算是误导了，如果把这些证据保留投诉到保监会，不管怎样至少有个处罚的。保险跟银行存款不一样，不能说“存”的。银行存款取出来不会有损失，但是保险不一样，取出来会有损失的。他表妹买了一份，一年存2万，若干年之后多少收益我不知道。反正最近她想把这份保险退了，问我能取回多少，我给她看了一下，只能取回6000元。

所以大家留意你身边的代理人，他是否跟你说过“存”，如果是的话，不一定说明他在误导你，毕竟可能公司在培训的时候就跟他们说的是“存”，他自己不知道这样是误导不可以这样说的。不过这个可以侧面了解这个朋友，他对保险到底真正懂多少。

目前在国内，保险商品销售经常依赖人情销售，主要在信息不对称。因为大多数人对复杂难懂的保险产品不了解，所以消费者才会希望通过认识的人来缩减信息不对称这道鸿沟。

如果不想浪费钱买自己并不需要的或是不适合自己的“人情保单”，主要还得掌握真实的自我需求，以便“架起人情保单防护网”。具体这个防护网要怎么架？我们不妨按以下3种状况分别处理。

1. 以“缓兵之计”测试对方

业务员通常会说：“就差你一张，我这个月业绩就达成了，支持我（或是我妈妈）一下吧！”

作为消费者，如果并不愿意买这“帮忙的最后一张保单”，可以这么说：“我们家庭支出都控制在老婆（或老公）手上，我没办法决定呢”，或说“我上周才刚跟亲戚买了新保单，暂时不需要，实在抱歉”。

最让人头痛的人情保单，就是完全不顾投保方的需求，一味抬出人情压力，以便达到做业绩的目的。通常刚加入保险业的业务员，因为本身对产品不熟悉，最爱发动人情攻势，也最容易出现上述情况。建议千万不能随意投保他们热力推荐的产品。此时不妨拿周边的人当挡箭牌，甚至直接挑明自己没有需求。

另外，由于保险营销员的薪金构成制度，如果单靠人情保单谋生，这类业务员其实是很难撑过一年的，不妨直接说“我很愿意支持你，但是我刚买好不少产品了，明年我再投在你这边好吗”，这样可以测试出对方是否真心要在保险业经营，还是只是一个为赚业绩、拼佣金的“短打型”业务员。

2. 充分了解保险产品

业务员：“这张保单是储蓄型的，收益不错，还能让你每年都享受红利回馈呢！”

你可以这么说：“真有这么好啊。那这张保单要负担哪些费用，我要承担的风险有哪些？如果发生什么状况，我还能拿到你说的这些高额收益率么？”

其实，消费者只有充分了解保险商品，才能避免被“人情保单”拖累，而且了解得越多，越容易拒绝不适合自己的保单，又不容易伤情面。

比如，王小姐想买重大疾病险，王妈妈介绍了一个做保险营销员的老同学给女儿。挑选好产品后，营销员建议王小姐将这份重疾险保额定到50万元，说万一生大病，可以覆盖以后的经济压力。王小姐觉得不合适，自己购买重疾险，保额规划依据主要是治疗费用预估，而经济压力的需求是靠自己原先的一份足额定期寿险和意外险来覆盖的，并不需要重疾险额度那么高。最终，王小姐将自己的想法和那位营销员沟通后，最终达成了一致意见。大家都很高兴。

如果碰到真心从客户立场出发、能认真规划保险需求的业务员，但是不巧你刚好不需要新增保单，那么大家以真心换真心，虽然你自己暂时不买，但可以真诚地说："我目前的保障已经足够，如果有朋友需要，我会替你介绍。"利用转介绍的方式，既能避免自己一时冲动买下不适合的保单，又能兼顾亲友情谊，如果还能帮另一方的朋友买到适合的保险商品，也算一举三得。

3. 买"简单便宜"的产品

业务员借亲友施压："我平常在生意上帮你这么多，你就支持一下我的小孩吧！""自己哥哥做保险，家人如果都不保，他出去怎么谈保险？"

面对这类推不掉的人情压力，怎么办？如果真的推不掉，一定得买，可以选择买"简单、便宜"的保单。

对于人情保单，在我刚进社会的时候也遇到过。当时，自己的一位好朋友去了保险公司就职，由于业务拓展的需要找到了我，说需要我帮帮忙，于是，我就帮忙买了一份几百元的消费型意外综合保险，这样，我就当作一份人情送给了他，也并没有给自己带来太多困扰。

其实，人情保单存在多个隐患，我们可以通过下面的案例来了解。

隐患1：险种重复保障不全

"人情保险"的一大特点是：为了帮助亲戚朋友完成任务，购买自己不需要的产品。而这些为了“冲刺”业绩而买的保险，往往不是投保人最需要的产品。

我有个客户，李小姐，45岁，企业主。在理财咨询过程当中，她告诉我，自己已经购买了很多保险，还很得意地告诉我，以后养老的钱都够了，不用再愁了。我问她都买了什么保险，从哪里购买的。她告诉我都是从同一个熟人那里购买的。这个保险代理人非常熟悉李小姐公司经营状态，知道她公司每年5月份左右是资金回笼的时候，他就会每年这个时候都准时来找李小姐，让她每年都买一份新的分红保单。也许是熟人关系，也许是分红保单的漂亮数字，让李小姐购买同类分红保险乐此不疲。

后来，我让李小姐把全部保单拿给我看，细心看完后，我发现她一共为自己购买了9份分红保单，年缴费都在10万元以上，有些已经缴完，有些还在缴。最后，我发现，在十几份保单当中，李小姐在重大疾病保障方面，仅仅只有附加保障10万元而已。

这就是典型的人情保单，购买的险种一直在重复，而保障完全不够，这就颠倒了保险的作用。我告诉李小姐，购买保险的第一目的，应该是风险保障，而不是储蓄和投资，因此，购买保险应该先满足意外、医疗和大病的保障需要，其次再考虑教育金和养老金需要。而作为企业主，过多地配置保险也不合适，家庭资产应该进行合理配置。

隐患2：小额理赔开口难

杨先生几年前在朋友的推荐下买了一份意外伤害险。之后，杨先生意外摔伤后进行了治疗。幸运的是，这一意外在保单保障之内，但是只能获赔100多元。杨先生找朋友理赔，可朋友刚好有点事情，说好过几天再替他办理。

结果，本来三天就能办好的小额理赔，杨先生差不多等了一个月。为了100多元，杨先生也不好意思老催促朋友。

保险方案的设计是否合理，将直接影响到投保人的收益。保险方案设计不合理是导致理赔难的一个重要原因。人们为表示自己对熟人的绝对信任，往往会匆匆签订保单，多数投保人并不清楚自己到底买的是什么样的保险。买了保险后束之高阁，等到理赔时，才发现原来买的保险与自己的想象相去甚远。所以一定要对保险的保障范围有充分的了解，不可盲目投保。

隐患3：无奈退保浪费钱

很多人碍于面子购买了“人情保单”，也不好意思找亲戚朋友仔细询问保险保障及条款。等到将保单拿回家，自己认真研究了保险产品后才发现，自己买的保险很划不来。杨女士就有这样的经历。

杨女士2003年生了个可爱的女孩。2005年8月，杨女士的亲戚找到她，让她给女儿购买一款教育保险。杨女士不好意思拒绝，就买了3份该保险，每年缴费1287元。

“虽然说这份保险每年才交1000多块钱，不算多，但是一直要交到2019年，时间太长了。”杨女士介绍，她女儿能享受到的权益是：15岁到17岁，每年返还600元；18岁到20岁每年返还1200元，22岁一次性返还15000元。即使与银行存款利息相比，也不是很划算，更何况等到女儿22岁时，当时的1万元已经不知道贬值成多少了。

而最令杨女士感到气愤的是一次她去交保费时亲戚说的话。

“她说我是女儿的第一受益人，万一我出了什么事情，可以获赔1000多元，很划得来。”杨女士难以抑制心中的不满：交了这么多年的保费，难道自己的命就值区区1000元吗？一气之下，杨女士想到了退保。可是去询问后才发现，自己已经交了3000多元的保费，可只能退还1000多元。现在，杨女士只能将保单放着，任由保险公司每年扣钱。

因购买了不合适的保险，产生抵触情绪或者干脆退保，都将导致投保人与保险公司“两败俱伤”。有些投保人不愿意继续再缴费干脆退保，那么就意味着以前所拥有的保险利益终止了，保费也折了50%以上；有些人虽然可能会继续硬着头皮买下去，但心里也是老大不乐意，从此对保险就有了一种抵触情绪，有可能从此拒绝购买保险。

人情保单并不是说都不能买，关键是选择适合自己的保险。“人情保单”源于保险同业竞争的压力。许多新的保险代理人对困难估计不足，一时难以适应；还有的代理人只做熟人的单子，没有重新拓展客户的能力，熟人的单子做完了只好走人；再者，保险圈内跳槽的现象比其他行业更为普遍。

“人情保单”不是不能买，关键是看怎么买。只要了解清楚所购买险种是否合适自己，且保险方案设计合理，做到明明白白消费，“人情保单”同样能买。

投保人投保时要关注三点：第一，保险利益。做到保障全面，在资金安排有限的情况下，“先求有，再求好”。第二，除外责任。由于各家公司条款不一样，对于除外责任的规定差别也很大。第三，保单价值。即投保人一旦无续费能力，保单退还给保险公司，投保人能拿到多少钱。

因此，作为已婚女性们，人人都需要买保险，但当你购买保险时，需要牢记，必须学会拒绝人情保单，因为它是一种保险行业特有的不良风气，同时，人情保单也会让你花了钱还得不到应有的保障，所以，再好的人情，也要加上专业合理的保险计划才能接受，否则，就避而远之。

保险误区面面看

现代女性在爱丈夫爱孩子爱父母的同时，记得多给自己一点呵护，在百忙之中爱自己多一点。女人在家庭事业消费之外，也需要给自己充足的保障，衣衫和护肤品能带给女人外在的美丽，而保险能给女人带来内心的安全感。

很多女性虽然知道为自己购买一份保险，但是缺乏保险相关知识，自己摸索费时费力，因此建议找个专业值得信赖服务好的独立理财师共同找到适合自己的保险。

在找到适合自己的保险之前还需要避免以下几个误区。

误区一：有家了，又忽略了自己

对于家庭购买保险而言，投保顺序和重心是非常重要的原则。

一般而言，对于女性扮演全职太太，先生负责赚钱养家的，应该首先为先生购买，然后才是自己和小孩。对于已婚的职场女性，自己和先生的保险应该同样重要，谁的收入高，谁的保障就应该更高，最后才是为小孩购买。

数据显示，女性总体投保率要低于男性。“很大比例的家庭保单都是女主人充当投保人，而被保险人却往往是子女、丈夫，而不是自己。在她们的观念中，男性由于工作压力大等原因，容易患病和出现意外事故，应先购买保险。因此就出现了女性的投保率低于男性的现象。”

事实上，女性在家中的支柱地位不容忽视，特别是外企白领女性，无论是对家人的照顾还是财务的贡献，都起着不可估量的作用。试想，如果她们出了事情，给家庭带来的将是多大的灾难！

“对于大多数子女来说，母亲才是他们最大最无私的保护伞，女性们保护好自己，才能更好地照顾家人。尤其是外企白领女性，在家庭经济与生活中具有举足轻重的作用，她们更应该为自己和未来的家庭幸福生活做好保险规划。”

误区二：买保险为获利，忽视保障功能

这个误区在我日常的咨询工作中也是出现非常多的情况。就算女性们购买重大疾病保险这种保障类保险，她们也会问红利的情况，未来能拿回多少钱等，感觉购买是为了以后的赔付获利。

精打细算是女性的天性，因此精明的女性很容易把购买保险的心思放在收益或获利方面，这是与保险的根本作用相违背的。已投保的外企女性最大的特点是并不考虑自己的经济和财务状况，喜欢购买分红且收益率高的产品。有些已婚女性购买保险都是通过银行购买的，而在银行，推荐最多的保险种类就是分红险，而不是保障类的健康险。但事实上，保险的优势不是投资收益的高低，而是保障功能。

对于我的朋友和客户，我都会告诉她们，如果还没购买过商业保险，那么第一份保险一定要是保障类保险，而非分红险或万能险、投连险之类。只有自己获得最基本的保障后，其他的理财计划才可能实现。

另外，有些外企女白领认为，自己大部分时间在职场中工作，风险相对较小，每年花几百元钱购买意外险不划算。事实上，意外不是以个人意志为转移的，正是因为意外事故发生的概率及其所具有的不确定性，所以才更应购买意外伤害保险。“如果投保了一定保额的意外险，若出现不幸事故，至少可以使自己及家人在经济上得到援助。”

误区三：认为保费越高越好，导致过度消费

部分女性在投保时存在贪多贪全的购买心理，误以为保费越高越好，保障也越全面。以重疾险为例，部分女性朋友认为，重疾险保障的疾病数量应该越多越好，全面保障才能更大程度上降低自己的风险。其实某些疾病的患病率极低，投保这样的重疾险，对于大部分消费者来说没有实际意义，而通常，增加一些患病机率低的大病种类，也相应增加了保险公司的保障成本，对应需要收的保费就会增加，因此，很多时候没必要一味求多求全。

有种大智慧是先给老公买保险

通常老公是一家的顶梁柱，先给家庭支柱购买保险是一种大智慧。现在没有人活在象牙塔里，身体患病、空气雾霾、食品中毒、交通事故、水污染、飞机失事等，每天都存在各种风险，尤其是疾病与意外高发。生是偶然，死是必然。生命存在这么多的不确定因素，无常就是常态，所以保险的内涵才真正有了体现，现代人的保险意识随着经济收入提高也在不断提高。

老公几乎都特别忙碌，既要赚钱又要照顾家人，上有老下有小，身心疲惫，但是家庭责任重大，而且家庭支柱身体健康状况通常一般，真正能顺利核保都比较少，而家庭支柱一旦发生风险影响的是整个家庭，不仅影响自己，也影响孩子与配偶。

之前有一位同事的哥哥是家庭支柱，因为两个孩子很小，全家没有保险，这个同事想给哥哥先买一份意外险，自己出钱哥哥签字就可以。没想到哥哥居然还是反对，说保险没有用，什么意外、疾病，发生概率都很低，自己身健力壮不需要，说什么也不肯签字，同事苦口婆心劝了好久，还是徒劳无功。天有不测风云，哥哥出差时发生车祸走了，什么都没有留下。本来安心做全职太太的嫂子也得重新出来面对社会，什么都不懂就只能靠苦力来养活自己跟两个孩子，别说上学了，连温饱都成问题。想想都觉得遗憾与心酸，当初要不是哥哥反对保险，签了保单，这个家庭也可以拿到300万的理赔金渡过难关。

还有一个做了企业主的同学，他既是家庭支柱，也是企业大股东之一，曾经让保险公司的朋友给他设计综合寿险。但是因为他办事很喜欢拖延，每次约见面都很忙，最后一次他说等出差回来就办理，却没想途中发生意外走了。他离开后，他企业一个股东要退股，企业运作资金中断，进货也没钱了，这一切压在他孩子身上。虽然他成年了，但是筹钱几百万给股东，他的精神压力十分大，也很困难。想想看如果之前这位同学能早点把保险办了，这次意外可以拿到880万，他儿子也不会那么辛苦筹钱，企业也不会面临资金亏空或倒闭等。

有些做太太的喜欢问有什么好的保险产品适合孩子们，而先生与自己是“净身”在社会打拼的。请问为什么要给孩子买保险，她们的回答基本都是“为了孩子以后好”“孩子很脆弱，大人风险不大”“先生会赚钱，有安全意识”等。实际上她们都不明白保险到底是些什么，解决什么问题。

试想大人身体健康，收入不中断，还怕孩子没钱读书？古语云“可怜天下父母心”，尤其是中国的父母，最后一口气也是为了孩子。作为家庭支柱，却没有一份保险，这难道不是一份愚蠢的爱吗？活着为了孩子拼命赚钱，当风险来了又后悔莫及，甚至留下许多的债务与房贷，让父母、孩子、妻子来承担，讲到这里做太太的难道还不明白吗？

谈谈香港保险优势

最近几年，越来越多内地人去香港参加保险，我们可以从一些数据来看这个趋势。

香港个人新业务中的内地访客业务占比从2005年的5%到突破10%耗时7年之久，而自2013年以来不到两年的时间里，内地访客对港业务占比的提升幅度就已近6个百分点。

近日，我国香港地区保险业监理处公布了最新的保险市场数据，香港保险业保费规模继续取得两位数以上的同比增长。值得关注的是，内地访客对香港保险业的贡献率进一步提升，已经达到18.2%，而去年同期这一贡献率仅12.5%。

同时，值得注意的是，2014年第一季度，香港向内地访客所发出的新保单业务录得49亿港元保费，相较2013年同期的28亿港元大幅增长了75%。而与此相对的是，2014年第一季度，香港个人业务的总新保单保费为272亿港元，相较2013年第一季度的225亿港元，同比增长幅度仅为20.9%。

由此，2014年，内地访客新保单占香港第一季度个人业务的总新保单保费的比例也同比增长5.7个百分点，达到18.2%。近年以来，内地访客对香港保险业务的“贡献”逐渐提升，且于2012年首次突破10%后，内地访客业务的占比提升速度还在加快。

不出意外，2014年，内地访客到香港购买保险保费总额将突破200亿，对香港保险业贡献率接近20%，到底香港保险有什么优势吸引着我们呢？

2013年9月17日，中央台新闻频道播放了近30分钟的专题报道，名为“远方的保险”，里面就对香港保险与内地保险进行了比较详细的对比。在香港购买保险比内地有什么优势，简单来看，主要有以下几个方面。

1. 同样的保额，需要的支付的保费更低。通常保费能比内地优惠30%～40%，有些甚至能优惠到50%。比方说，一个28岁的投保人，在国内需要花6000元左右才能做到保额20万，而在香港，同样6000元，能做到40万发保费，换句话说，只需用3000元就差不多能做到20万的保额了，这个费用是非常有吸引力的。

2. 重疾险和医疗险的保障范围更广。在国内，一般重大疾险保险的保障范围都在33～45种不等，加上几种非严重疾病保障，基本保障种类在50多种以内，而在香港，重大疾病保障都在50多种，另外还有50多种早期严重疾病和一些非严重疾病保障，基本上，保障种类超过100种，能更全面覆盖重大疾病的范围，让投保人得到更全面的保障。

3. 理赔更简单快速，成功理赔率更高。很多国内购买保险的人都会经常遇到，购买保险容易，真正遇到理赔的时候，都会觉得理赔费力，不易得到有效处理。因为在国内，是“松核保严理赔”的现状，而在香港，保险也秉承的是“严核保松理赔”的服务理念，因此在香港的理赔率能达到98%以上，国内一般只能做到80%以上，而理赔对每个投保人都是非常重要的。

很多内地人不敢购买香港保险，误以为香港保险理赔会比较麻烦或者不容易理赔，其实恰恰相反，香港保险执行全球理赔的制度，无论你身在何方，只要是合法途径购买的香港保险，都能得到高效的理赔服务。因此，理赔是香港保险的优势，而不是劣势。

4. 分红水平比国内高。 最近几年，国内最受欢迎的保险是分红型的保险，它除了能为投保人提供保障，还能实现看起来让人动心的分红，国内的分红保险一般能实现4%～5%不等的分红，而在香港，过往的分红能做到5%～10%不等。为什么香港的保险分红能做得比国内更高呢？一方面，是因为香港的保险公司，能投资的范围比国内的保险公司投资渠道更广，目前，国内保监会对于保险公司的投资范围的比例还是控制得非常严格的。另外一方面，在香港，汇聚了全世界最优秀的保险及金融机构，还有最优秀的保险精英人才，所以其通过投资获得回报的能力也更强，此外，香港保险公司全球客户数量众多，拥有保费资金池规模的优势，借助于这几点优势，保险公司能获得比内地更高的投资回报，因此能给客户更高的分红回报。

综上所述，在香港购买保险，能以更低的保费获得需要的保障额，而且获得的保障范围更广，能实现全球理赔，让理赔更轻松快捷，此外，相应的红利回报更可观。

香港作为全球第三大金融中心，法制健全，监管到位，市场开放，其实，不仅仅是内地同胞到香港购买保险，像中国台湾、日本、马来西亚等地区或国家的人，到香港购买保险也是非常普遍的情况。

最近，看到网上有很多内地保险代理人抹黑香港保险的情况，夸大香港保险的一些劣势或风险，其中一个理赔事件就被经常拿来惊吓打算到香港购买保险的投保人。

在2012年，曾发生一起内地投保人到香港索偿投诉局寻求帮助，却遭回应说，因不是香港居民，本索偿投诉局不予以协助的事件。后来此事在网络上被热议，很多内地保险代理人借此作为告诫身边人不要去香港购买保险的理由。

近日从香港保险索偿投诉局获悉，自2013年5月1日起，该局将处理索偿投诉的服务范围扩大至包括内地居民在内的非香港居民。面对每年内地投保人新造保单近50%增长的势头，2012年以来香港保险公司和业界希望保障内地投保人的利益，进一步吸纳内地投保资金。

客观来看，虽然到香港购买保险确实可能存在一定的理赔与纠纷风险，但这种机率是非常低的，在全世界来看，保险理赔纠纷都会发生，所以去香港购买当然也会存在的，但是反过来看内地保险业，理赔难的问题更加凸显。在我看来，内地保险从业人员抹黑香港保险的根本原因，在于他们的生存饭碗受到严重影响，因为对于他们来说，他们只能给客户推荐自己家的保险，一旦客户都考虑去香港购买，他们将失去非常多的客户，这是他们无法接受的，所以，难免就会做出抹黑或者夸大香港保险风险的行为。

在此，我也不是建议所有的保险种类都去香港购买，一些医疗、意外等类型的保险是没必要去香港购买的，而这类保险，香港保险公司也没有对内地客户开放的。去香港购买的优势险种应该是重大疾病保险和分红类保险，还有大额寿险。

在购买之前，应该找专业的独立理财师，而不是某家保险公司的代理人，因为他们更加中立客观，能全面告诉你香港各家保险公司的优劣势，为你选出最合适的保险，也能为你解释清楚保险合同中的各种关键信息，以免未来发生不必要的麻烦或纠纷。

第6章
女人要学会养“基”之道

在上一章，我们了解到了保险与女人的关系。保险是女人最亲密的爱人，能带来足够的安全感和保障。

在本章将重点探讨，到底女人该如何投资？什么工具和方法能让投资变得更加简单而又有效呢？是应该购买足够多的房产，让自己成为包租婆吗？还是不断地进行储蓄，让自己成为手握过百万存款的富婆呢？或者是冲进股市，与众多股民和机构进行厮杀呢？

房产投资虽好，但具有投资门槛高、流动性差的特点，投资选择和管理都有一定难度，况且，目前房产投资风险越来越大，这不是已婚女性们的最佳选择。

过度储蓄会让财富产生不必要的贬值，四川汤婆婆的例子就是最好的反面教材。而想要投身股市，需要足够的专业能力，还有时间和精力来完成，这些恰恰都是女性们不具备的，那么还是应该老老实实寻找一种更简单、门槛低、流动性好，能进行长期稳健增值的工具吧，那么有什么理财工具能做到呢？

答案就是基金。基金投资是一种专业而又相对简单的投资方式，作为已婚女性们，只要学会“养基”之道，借助基金来实现家庭财富的稳健增值，将变得更加轻松。

女人的投资神器

在股票、保险、基金、银行理财产品、债券、信托、房地产等众多投资工具中，如果非得选出一样最适合女人们投资的话，那一定是基金。原因主要有以下几点。

首先，基金是所有投资工具里面最简单的，门槛低，选择多，收益风险适当。

对于女人们来说，股票太深奥，根本玩不转；保险更偏重保障功能，投资功能不强大；银行理财产品同质化明显，看似选择多，实则选择空间有限，收益也不能轻松跑赢通胀；房产投资门槛太高，另外流动性不好，有时需要钱，还不一定能套现出来；信托是高净值人群的专属投资，门槛就100万起。因此有专业团队为你投资这种方式，非常适合女人们对投资的追求，能达到轻松安心、安全稳健的效果。

其次，它也是最强大的投资工具，能投资全球的任何国家、地区和行业。

如果你看好一个国家或者地区的经济增长，那么你就可以通过购买投资于这个国家或地区的基金即可，这样事情不就简单多了吗？比如说，你看好巴西未来的经济，因为它是金砖四国国家之一，经济处于高速发展阶段，通过申办2014世界杯和2016年奥运会，让经济得到更好的腾飞，如果你看好该国经济未来发展，那么你只需要购买相应类别的基金即可。

通过基金，你能投资到全世界，可以同时投资到三大金融市场：股票市场、债券市场、货币市场，还能投资到不同行业，因此，已经成为全世界最强大的投资方式，让你轻松参与各种投资机会。像国内的债券市场，个人是比较难参与的，只有通过机构，才容易参与债券市场的交易，选择债券基金就能轻松参与，获得稳健回报。另外，在美国，有超过60%的家庭首选的理财方式是基金，全球共同基金的规模达到32万亿美元规模，而目前中国基金的规模只有3.2万亿，距离欧美发达国家的普及程度还有相当距离。

最后，就是购买途径方便。你可以在银行、证券公司、基金公司官方网站购买，现在还有很多基金平台能直接买，所以越来越方便了，就像超市买菜那样方便，但它又比保险和股票容易懂多了。

然而，有很多人会认为基金投资也不过如此，买了一样亏，还不如自己炒股票或者房产。其实这是对基金投资不够了解所致。

基金也是有风险的，不是所有基金购买了放着都能赚钱的，如果是股票型基金，需要结合大市走势，才容易获得回报，如果是牛市，买股票基金，但如果是熊市，就应该买债券基金或货币基金，如果在牛市中买了股票基金，到熊市时，就应该把它转换成债券基金。

另外，目前市面上基金超过1000只，肯定有表现优秀和表现差的基金，如果你购买的基金属于表现差的那些，当然就容易亏钱。

我有一个客户，在2007年买了基金，一直放到现在没有动过，从大牛市到大熊市，然后再经历小牛市和震荡市，始终没有进行必要的转换，当然它就会从最初的盈利变成亏损。所以，再好的基金都需要在合适的时候进行转换，因为没有任何一只基金能在每一年都赚钱。比方说，你需要在2008年大熊市的时候，把全部股票基金转换成债券或货币基金，这样就能在熊市时一样实现正回报。

另外，购买基金需要科学组合的方法。通常你需要购买3～5只基金来构建基金投资组合，以降低投资风险，因为你很难确保你买的基金不亏损，如果通过基金组合的方法，就算有选择到表现不好的基金，那么还有其他表现好的基金来弥补，只要基金组合里面有表现好的，有表现一般的，最终也会实现不错的回报，从而提高回报的稳定性。

因此，基金投资最大的难题其实是基金管理问题，其中涉及选择、转换、基金组合的构建。这恰恰是目前很多基金投资者所不能掌握的，毕竟国内基金超过1000只，要做好选择与转换等基金管理问题，不是件容易的事。这就需要擅长基金管理的专业理财师来协助你。

通过专业理财师的协助，结合你自己的财务状况和需求，来构建科学的基金组合，然后进行长期管理和调整，将使你的资产增值变得更加轻松简单。

无所不能的基金

基金，作为全球最受欢迎、功能最强大的投资工具，至今已有180多年的历史了。

证券投资基金作为一种以信托关系为基础的资金组织形式起源于英国。当时许多富裕起来的英国人希望投资海外市场以谋取更高的回报，但自行投资风险很高，钱财被骗的情况屡屡发生。为保障投资安全并实现资金的保值增值，人们开始寻找值得信赖的专业投资管理者，委托专业人士代为处理海外投资事宜、分散风险，从而产生了投资人与代理投资人之间的信托契约。1868年11月，英国组建了“海外和殖民地政府信托基金”，受到了中小投资者的欢迎。

1921年4月，美国引进了英国的投资基金制度，1924年，美国出现了第一只开放式基金。中国在2001年出现了第一只基金。基金真正走进大众的视野，应该还是在2006～2007年，在股市走出大牛市的背景下，基金也实现了收益颇丰的表现，让大家逐渐接受基金投资的方式。

下面是一个2008年的证券业协会通过80多家基金公司做出的个人基金投资者问卷调查结果。

基金投资的财富效应明显

根据问卷调查，有51%的投资者购买基金是为了长期持有、稳定增值、给自己养老；有29%的投资者购买基金是因为觉得最近股市行情好，自己不会股票投资，委托专家理财。此项调查表明基金投资的财富效应、专家理财的理念已深入人心，基金成为广大投资者追逐的理财对象。

根据TA数据分析，自2004年以来，基金账户的增长速度逐年加快，其中有效账户（TA账户中有基金市值的账户）个人基金投资者占比始终在98%以上。截至2007年9月30日，基金投资者总账户已达到11370.05万户，其中有效账户为6746.27万户，平均每年增长率为256%，2007年前三季度的有效账户比2006年底增加了561%。

基金投资短期行为特征明显

根据问卷调查，被调查对象中只有10%投资者持有基金的平均时间在3年以上，有28%的人持有基金平均时间在半年以内和根据盈利或大盘指数涨跌随时赎回，此项调查表明时间创造价值的长期投资理念在投资者中并没有普遍形成。

通过TA数据分析基金投资者每户每年的赎回情况，可看出基金投资者短期操作的特征：2004～2006年个人基金投资者每户每年基金赎回笔数在0.4左右，平均基金持有年限没有超过3年；机构投资者平均每户赎回笔数比个人投资者还多，机构投资者平均每户每年赎回笔数为0.6左右，平均基金持有年限没有超过2年。可以说频繁赎回的短线操作仍然是基金投资者的投资行为特征。

银行是基金销售的主要渠道

调查显示，2004～2005年基金管理公司直销渠道在基金销售中占重要份量，2006年开始，银行销售渠道开始渐渐显露出其网点众多的优势，成为基金销售的重要渠道。2007年1～9月，银行渠道基金销售金额达20615.82亿元，占所有渠道总销售金额的74.9%，成为主要的销售渠道。

同时，随着网络通讯技术应用的不断普及，网上交易方式受广大基金投资者所喜爱。根据问卷调查，网上交易方式进行买卖基金的个人基金投资者占50%，排第一位。

基金公司“强者恒强”

根据问卷调查，基金以往业绩、基金管理公司品牌、基金类型是投资者选择基金产品的主要考虑因素，把这3个因素作为第一考虑的个人基金投资者比例分别占46.3%、31.5%和10.6%。基金以往的业绩和具有多样化的基金产品也是形成基金管理公司品牌的重要因素，因而优势基金管理公司必然受基金投资者青睐，强者恒强。

投资者教育工作任重而道远

从对投资者风险意识调查情况看，有66%的个人基金投资者认为基金投资有风险和有亏损的可能，这说明大多数投资者具有风险意识。但不可忽视的是，通过细分投资者结构，年龄在55岁以上的投资者有一半的人认为基金投资没有风险。

同时，虽然有89%的被调查投资者认为投资者教育工作很有必要，但教育程度在小学以下的投资者只有35%的人认为投资者教育工作有必要。因此，基金投资者教育和基金投资风险揭示工作任重道远。

投资者对未来基金市场仍然看好

根据问卷调查，有51%的个人基金投资者认为影响2007年下半年市场行情最重要的因素是政策性宏观调控；有22%的人担心股指期货推出会影响市场行情。部分个人基金投资者也认为通货膨胀和人民币升值对市场行情影响比较重要。总体来说个人基金投资者认为宏观政策是影响未来行情的最主要因素。

对于闲散资金的未来投资品种选择问题，83%被调查的个人基金投资者选择了投资基金，对基金市场的未来仍然看好，基金投资仍为首要的理财工具。

23%基金投资者获利

投资基金是否赚钱往往最受关注。调查报告显示，2012年，有23%的投资者通过投资基金获得了盈利，较2011年的7%有较大增长，有46%的投资者投资基金发生亏损，其中“亏了一些，小于30%”的投资者占比最高，占到32%，表示“盈亏不大”的投资者占31%。

另有数据显示，有28%的被调查者通过投资基金总体获得盈利，较2011年的19%提高了近10个百分点。其中，“赚了一些但小于30%”的投资者占20%；盈利在30%至100%和盈利超过100%的投资者所占比重很小，分别只占5%和3%。

不过，也有47%的投资者亏损，亏损比例较2011年减少了15个百分点。其中亏损小于 30%的投资者占比最高，占到28%；亏损大于30%的投资者比例为19%；另有24%的投资者表示“盈亏不大”。整体看，基金投资获利比例回升，亏损程度较2011年有所下降。

值得注意的是，投资者的受教育程度和收入水平对基金投资的收益有一定影响。受教育程度越高，投资基金获得盈利的比例也越高。在中专及以下学历的投资者中，投资盈利的比例仅为22%；在研究生以上学历的投资者中，这一比例为33%。而且，随着收入水平的提高，基金投资盈利的比例也越高，个人月收入在5000元以下的投资者中，获得盈利的比例仅为23%；而收入在3万元以上的投资者中，这一比例显著增加到39%。2012年的数据也显示出这一结论。

多年的基金投资经验也让投资者更为成熟，七成投资者认为基金投资存在亏损的风险，且有投资多家基金管理公司产品分散风险的意识。投资者对基金收益的预期也在逐年下降，目前预期年收益率在5%至10%之间的投资者占42%，位列第一，与2011年相比增加了14个百分点。仅有2%的投资者的预期收益率为30%～50%，比2011年下降了8个百分点。

综合以上2007年和2012年的个人基金投资报告可以看出，投资者对于基金这个投资方式还是非常认可的，但是投资基金的理念还不够成熟，没有能很好地坚持长期投资，而只有少数投资者能通过基金持续地赚钱，这也影响到了投资者对于基金投资的信心。

一直以来，在欧美发达国家，基金始终是家庭理财的首选方式，只要坚持正常的投资理念和方法，它能使家庭资产持续稳健增值。

因此，聪明的女性们，一定要学会如何使用这个理财好帮手。

女人的养基哲学

睡懒觉与“基金定投”

熟话说得好，美人是睡出来的，充分的睡眠能让新陈代谢更充分，确保女人更加靓丽多彩，因此多数美女都有喜爱睡懒觉的习惯。其实基金投资和睡懒觉有很多相通之处。

睡懒觉与基金定投，似乎有些风马牛不相及，可是，对于懒睡一族的已婚女性们来说，倒确实是定投的适宜人群。

一般来说，“贪睡一族”做事更随性，会少些理性和自觉性。如果不是平时需要上班，有时间的话，他们会“得睡且睡”；同样的道理，贪睡的年轻上班族，每个月的花费也常常是能花且花，很容易成为“月光族”。而基金定投正好能帮助“月光族”治疗“月光症”。

“月光族”可以将发工资后的手头宽裕的几日设为银行的扣款日，这样申购基金相当于是强制型的储蓄。若干年后，会发现自己已经积累了一笔不小的财富。比如，投资者每月只在基金定投业务中投资300元，假如所投基金的未来平均收益率为5%，投资五年之后，投资者所能获得的资金总额将达到20427元。

通过强制性的定期投资，达到积累财富的长期投资目标，而且定投还有利于形成良好的投资习惯，甚至是行为习惯，这对自觉性差、纪律性差的朋友们确实很有意义。

本人真正意义上的第一次投资就是从基金定投开始的，从2006年到2010年，最终还实现了不错的回报。

除了上面谈到的强制储蓄、积少成多的特点外，定投还有其他优点值得关注。

比如，大盘走势难以预料，投资在低点皆大欢喜，投资在高点很是不爽。当市场处于震荡周期时，一般的投资者很难正确把握投资时点，“高买低卖”的情况很普遍。如果采取定期定额的投资方式，不管市场如何震荡，定期买入、强制投资，每个月投入固定的金额，在基金净值高时买入较少份额，基金净值低时买入较多份额，分摊了投资成本，由于买进时点分散，长期投资下来，每份额基金平均成本低，风险降低。因此，在市场波动中想“投基”的投资者，也没必要担心自己能否踩准点位，而通过“定投”入市可以作为一个投资选择。

在做基金定投时，如果基金净值出现了下跌，你应该感到高兴才对，因为此时同样的金额能购买更多的基金份额。这就好比超市购物时，你想要买的物品出现折扣，这时你应该高兴还是难过呢？所以每当基金下跌时，正是值得你高兴的时候，当你拥有越来越多的基金份额时，未来市场往上走的时候，你就能获得更加多的回报了。在2008年股市大熊市的时候，我就是抱着这样的心态，别人看到基金净值一天天跌的时候，都感到难过，想把它赎回来，而我却感到高兴，还特地提高申购基金的金额，抓住难得的机遇，到了2009年，市场开始往上涨，我的基金账户获得了很不错的回报，事实证明这样的做法是非常可行的。我把这种基金投资方法称为“买菜法”，买基金就像买青菜那样，便宜的时候就应该多买。

另外，有两点需要提示一下“贪睡”的朋友们：一是“定投”对象要以优质的偏股型基金为主，债券型基金等防御品种不太适合；二是“定投”获利要依靠较长的投资期间，只有投资期间足够长，才能削弱市场短线波动对回报造成的影响，发挥连续复利的威力。因为一时的市场波动或经济情况而中断投资，自然无法享受较好的收益。

“驴子”的基金投资哲学

有一次，摩拉·纳斯鲁丁骑着他的驴走路，那驴走得很快。一个朋友问道：“纳斯鲁丁，你去哪里？”纳斯鲁丁说：“告诉你实话，我不知道，不要问我，问这头驴。”那人被弄糊涂了，他说：“你是什么意思？”摩拉·纳斯鲁丁说：“你是朋友，所以我必须诚实和坦率。这头驴既强硬又顽固，就像所有驴子一样，它总是制造麻烦。当我路过一个市场或城镇，如果我坚持我们应该走这条道，它就坚持要走另一条道，在市场里它变得滑稽可笑，我成了笑柄。人们说，甚至你的驴也不跟从你！所以我立了一条规矩，无论它去哪里，我都跟着它去。每个人都以为驴子跟着我，但那不是真的。尽管让驴子高兴，但我的声望是安全的。”

这是十五世纪时流传于突厥语系国家的一个故事。刚看到这个故事时，不禁哑然失笑，居然有这样倔强的驴子，居然有这样愚蠢的骑驴人！然而笑过之后，却陷入了深思：这头又强硬又顽固的驴子，是否也在你我的生命中存在？这骑驴的人，是否如此熟悉？

我们也是“骑驴人”

在我们讥笑纳斯鲁丁成为驴的随从的同时，我们自身却在屡屡被“驴子”所左右，很多时候，我们又与骑驴的纳斯鲁丁差得了多少呢？当然，不同的是，纳斯鲁丁在走路，我们更多的则是投资。

我们不妨来想想关于投资的几件事：

“接纳驴子”——有没有想过，当时的我们是如何选择的第一只基金？笔者做了个随机的小范围调查，在15 名被调查者中，有7名被调查者因为当时的市场比较好，选择了在银行买新基金；5名被调查者因为周围同事、朋友、邻居购买的基金涨得不错，所以跟着买了同样的基金；剩下的3名秉持“最优基金论”：排名前三甲的基金自然是最好的选择。

虽然是小范围的调查，没有太多的参考价值，但还是可以看出，绝大多数投资者愿意听信、采纳“驴子”的想法和意见，而并没有根据自己的理财目标和风险承受水平来科学地选择基金。尽管“驴子”的建议或许是对的，那么当风险真正来临的时候，我们是否真能坦然接受损失呢？

“成为驴子”——我们购买基金之后的行动又是怎样的呢？从这15 名被调查者的讲述中，我们了解到部分被调查者会选择每天都看看净值变化，看看是否涨跌，涨跌的幅度，甚至极端到每小时看一次净值变化。在市场震荡时期，基金净值往往是起伏的，一些投资者会受不了煎熬而选择赎回。

还有部分被调查者仅仅是为买而买。买了基金后却对自己的基金不闻不问，同时不断地寻找收益更好的基金或者其他投资品种，随时做好替换的准备。就像是狗熊“掰棒子”一样，掰一个、扔一个。这样很可能付出了大量的申购、赎回费，却一无所得。

就这样，我们主动地沦为“驴子”的一员。

“信任驴子”——当市场上涨的时候，我们又会怎么做呢？很多时候，当股市开始启动上升时，“出头的椽子先烂”的“驴子教条”紧紧束缚了我们的行动，我们漠视；当第一波声浪出现时，我们依旧观望和怀疑；当股市开始再次攀升时，贪婪战胜恐惧，我们开始热血沸腾；当股市攀升至一个较高的水平时，我们终于认为自己已经看准了大势，开始行动，大胆买入。

“驴子”的思维让我们以为抓住了市场的时点，然而这时的市场很可能已经是估值的高点，再往上走就是泡沫，更可能是下跌的开始。

“服从驴子”——紧接上文，当股市开始掉头向下的时候，我们秉承“驴子”思维，依然心存侥幸，认定股市还能上升；当股市快速下跌、点位已低于前期肩部时，我们开始陷入恐惧中，并因为厌恶损失而采取了回避的态度，但依然没有放手；当股市继续下跌，并进入谷底时，我们终于承受不了恐惧的重压，忍痛清仓出局。

虽然割肉的行为会让我们很痛心，但还是选择对“驴子”服从。然而，我们不仅让账面亏损变成了实际亏损。而且，当市场处于低迷状态时，其实正是进行投资布局、等待未来高点收成的绝佳时机。不过由于“服从驴子”的心理，当大家都不看好时，即使成长前景最佳的投资品种也无人问津。而等到市场热度增高，我们才争先恐后地进场抢购，一旦市场稍有调整，大家又会一窝蜂地杀出。如此的周而复始，很像是绕着磨盘转的驴。

“南辕北辙”的思考

我们每个人都有理想和目标，但因为对外界因素的恐惧和担忧，常常受制于其他人或事物，变得不由自主、选择了服从和妥协，最终常常与理想背道而驰，其结果就像纳斯鲁丁一样，赢得了声望却丢弃了愿望。投资也是一样，如果总因恐惧和担忧，盲目跟风，最终只会迷失。

“驴子”给予的方向也许是繁花似锦，但更多的则是艰难险阻。对于投资者来说，我们的每一份资产都是自己辛苦所得，如果一味地盲从别人，而不从自身实际情况出发，显然是很不负责任的，毕竟，损失只能由我们自己来承担。投资，必须对自己负责。

勇敢地离开“驴子”

在《纳斯鲁丁的驴》的续集中，纳斯鲁丁终于忍受不了这头驴，鼓足勇气，跳下了驴子，朝着自己心中的方向跑去。一旁同样骑在驴上的人，开始讥笑：“你们看那人，多么愚蠢，那条路多烂，他会不停摔跤，摔得头破血流，他总会回来的。”

在跑步的过程中，虽然纳斯鲁丁不停地摔跤，但他仍然继续跑，心中的彼岸正越走越近。而那些依旧骑在驴背上的人，继续走着驴子的路，继续嘲笑着纳斯鲁丁，却离方向越来越遥远，直至看不见。

从驴背上跳下，勇敢地离开驴子，是纳斯鲁丁思考的结果。这对于投资基金，同样适用。

显然，以往的偏听偏信是不对的，即便是别人的基金足够优秀，也不见得完全适合你。选择基金，首先要明确自己的理财目标，这是因为资本市场跌宕起伏，贪婪和恐惧是投资的大忌，这会让你的心态失衡，进而会影响你的操作。只有明确投资目标才能帮助你形成更加健康的投资心理，使你自然而然地将投资眼光放长，同时也能以更加平和的心态面对不断涨跌的市场。

确立理财目标之后，请参照自身风险承受能力来组建适合自己的基金组合。在以往“驴子”的蒙蔽之下，我们看不到风险的存在或者把风险夸大。参照自己的风险承受能力，我们就可以知道自己适合投资哪种风险收益特征的基金品种。如果你的风险承受能力较低，就可以选择以稳健型基金为主的基金组合；如果你的风险承受能力较高，就可以选择以进取型基金为主的基金组合。

而选择购买之后，你需要做的就是信任并持有，而不是天天看净值或者频繁操作。

我们知道，投资股票是直接投资，我们可以通过自己的操作来获取差价，而基金属于间接投资股市，如果我们用操作股票的手法来操作基金肯定是不对的。由于基金是以组合投资的方式投资于证券市场，在正常情况下，它的净值不会在较短的时间内发生大幅波动，因此，投资者高抛低吸、波段操作的空间也小于股票投资。

从本质上来说，基金是一种信托产品。信托，意为信任、托付。投资者通过基金契约方式建立信托协议，投资者出于对基金管理人的信任，把资金交付给其打理；基金管理人秉承这种信任，受托负责理财，努力为投资者创造超额收益。

信任，我们就不会为基金的短期波动而担忧，更不会频繁买卖而劳心劳力。更何况基金不是一种让人通过投机获得短期收益的工具。投资基金，只有在相对长期的投资过程中，市场波动的风险才能被最大程度地稀释，投资者才能更充分地分享社会经济增长的成果，让资金实现复利增长。

专业的事，交给专业的人去做，投资的事情交过基金公司和基金经理去做，选择和管理基金组合，交给专业理财师来做。我们需要做的，就是忘掉“驴子”的存在，也许你自己很难把握“睡懒觉”基金定投哲学和“驴子”基金投资哲学，那么，专业理财师可以协助你来完成。

基金，让投资变得简单。充满智慧的已婚女性们，你们只要掌握了这种“睡懒觉”法、“买青菜”法，还有“驴子基金投资法”，然后，善用优秀基金经理和理财师的专业力量，就能轻松掌握基金投资的门道和哲学，财富增值将从此不再难。

你不知道的环球基金

在前面章节中，我们已经了解到了基金这个理财工具。既然它那么强大，为什么很多投资者还是不认可，还是很难通过基金让财富获得稳健的增值呢？

那是因为，除了自己选择基金和管理基金组合的能力不足外，国内基金还有系统性风险，那就是一旦A股市场表现不好，国内的基金将很难再获得理想的回报。2009年之后的几年中，A股市场都表现不佳，那就导致了过去4～5年多数基金难以获得让人满意的回报。

而在过去几年，全球市场出现了不少不错的投资市场，很多国家的股市在经历2008年的金融风暴后一路反弹，陆续创出了历史新高，像美国、德国等国家就是如此。

下面这个图可以看出，过去10年最好的投资市场分别出现在哪里。

	2012	2011	2010	2009	2008	2007	2006	2005	2004	2003
美國道瓊斯工業平均指數	7.26%	5.53%	11.02%	18.82%	-33.84%	6.43%	16.29%	-0.61%	3.15%	25.32%
標準普爾500	13.41%	0.00%	12.78%	23.45%	-38.49%	3.53%	13.62%	3.00%	8.99%	26.38%
德國DAX指數	29.06%	-14.69%	16.06%	23.85%	-40.37%	22.29%	21.98%	27.07%	7.34%	37.08%
富時100指數	5.84%	-5.55%	9.00%	22.07%	-31.33%	3.80%	10.71%	16.71%	7.54%	13.62%
日本日經225指數	22.94%	-17.34%	-3.01%	19.04%	-42.12%	-11.13%	6.92%	40.24%	7.61%	24.45%
香港恒生指數	22.91%	-19.97%	5.32%	52.02%	-48.27%	39.31%	34.20%	4.54%	13.15%	34.92%
上證綜合指數	3.17%	-21.68%	-14.31%	79.98%	-65.39%	96.66%	130.43%	-8.33%	-15.40%	10.27%
中國滬深300指數	7.55%	-25.01%	-12.51%	96.71%	-65.95%	161.55%	121.02%	-7.65%	-16.30%	8.25%
台灣加權指數	8.87%	-21.18%	9.58%	78.34%	-45.03%	8.72%	19.48%	6.66%	4.23%	32.30%
南韓KOSPI指數	9.38%	-10.98%	21.88%	49.65%	-40.73%	32.25%	3.99%	53.96%	10.51%	29.19%
巴西BOVESPA指數	7.40%	-18.11%	1.04%	82.66%	-41.22%	43.65%	32.93%	27.71%	17.81%	97.33%
印度SENSEX指數	25.70%	-24.64%	17.43%	81.03%	-52.45%	47.15%	46.70%	42.33%	13.08%	72.89%
俄羅斯RTS指數	10.50%	-21.94%	22.54%	128.62%	-72.41%	19.18%	70.75%	83.29%	8.26%	57.98%
印尼JCI指數	12.94%	3.20%	46.13%	86.98%	-50.64%	52.08%	55.30%	16.24%	44.56%	62.82%
泰國SET指數	35.76%	-0.72%	40.60%	63.25%	-47.56%	26.22%	-4.75%	6.83%	-13.48%	116.60%
MSCI新興歐洲指數	13.20%	-23.32%	13.72%	79.34%	-69.58%	23.67%	43.63%	46.09%	32.10%	56.72%

过去10年，爆发了两大全球性经济危机，是投资环境异常恶劣的十年，全球基金巨头们平均每年复利收益超过6%的超过900多支，每年复利收益超过10%的高达300多支，超过15%的有近200支。取得国内基金业无法比拟的成绩，分享全球经济成长红利最高效的途径就是环球基金。

做投资应该放眼全球，以全球视野来把握不同时期的投资机会，虽然过去十年全球不同国家和地区分别都出现了非常好的投资机会，但是很明显，个人或者家庭几乎不可能到全世界各个国家去开一个股票账户。那么最有效的方式是通过全球基金，把资金交给这些国际金融大鳄，由他们去投资全球最具经济增长潜力的地区和各个最有效益的上市公司，这样才能让事情变得更加简单和合理。

这些全球基金巨头金融机构，成立时间几十年甚至上百年，管理的资金量非常庞大，时间和规模都远超国内基金公司，时间代表经验和能力的沉淀，经历了各种复杂的投资环境，资金管理规模代表管理能力，它只有创造好的业绩表现，才能赢得这么多的客户认可。例如贝莱德基金管理公司，是全球最大的资产管理公司，目前管理的资产超过3.6万亿美元，相当于我们整个国家外汇储备的资金规模。富达基金管理公司，目前管理的资产是一万亿美金，是中国整个A股市值的1/4还多。而曾经在98亚洲金融危机时威名远扬的索罗斯的量子对冲基金，管理资金其实还不到200亿美元。

国际基金巨头比国内基金公司具备更强的资产管理和投资能力。举例来说：中国股市过往十年的年化收益率不过3%左右，但同样全部配置中国上市公司股票的一支澳大利亚的首域中国增长基金，过往10年年化收益高达23%，远高于国内基金公司的投资回报。

那么，我们能在哪里购买到这些优秀的环球基金呢？答案就是香港。

香港是全球第三大金融中心，汇聚了全球最优秀的资产管理公司，因此能在香港找到最优秀的环球基金。

目前，在全球范围内，市场上总共有超过4万只基金，在香港证监会有注册备案的超过了2000只，在香港，能找到各种基金超市平台，方便进行环球基金投资。而在国内，目前还没有这么强大的能汇聚全球投资的基金超市平台。

第7章
女人与婚姻

已婚女性们，一生当中或许会面临三大危机：健康危机，财务危机，婚姻危机。

婚姻危机，已经成为女人追求幸福的头号杀手。现代社会的家庭婚姻关系，已经不再像以前那么牢固，随着社会的价值观转变还有财富积累，人们对婚姻有了更多的要求，需要维系好一段婚姻关系，已经比以往来得更不容易了。在这一章中，我将和女人们一起探讨如何打好这场婚姻保卫战。

婚姻保卫战

2014年有一部热门电视剧叫《离婚律师》，热的原因，除了主角是姚晨和周秀波外，我想另外一个重要原因，应该是离婚已经成为社会关注度非常高的词了，这背后恰恰折射了中国家庭婚姻的现状。在这一章中，我们将为已婚女性们提供各种策略，完成婚姻保卫战！

我在网上看到这样一个发人深省的故事，在此与大家分享。

一位50多岁离婚女士的婚姻日记：我做董太太的30年！

男人在起步阶段，也许需要一个我这样的女人，给他无微不至的关怀和照顾，但是，当他有更高的目标和追求的时候，他的需求就变化了……

第1年

这是我们结婚第一年，董大海对我说，嫁给我吧，我会一辈子爱你。父母反对我嫁给他，我不顾一切跟他在一起。这是我们的新房，是一间地下室。爸爸妈妈，我想跟你们说一声对不起，我没有听你们的话……

第2年

这是我们补办的婚礼，我已经怀上孩子。在婚礼上，董大海对我爸爸妈妈说："爸，妈，我会好好爱锦绣，你们放心把她交给我吧。"

第3年

我们的孩子出生了，董大海给起的名字，叫董苗苗，他说，我姓董，你姓苗，咱俩的孩子就叫董苗苗。

第4年

这一年董大海骨折了，没有了工作，我跟我妈妈借了钱，孩子也让我妈妈帮着带。他进了三次手术室，那个时候我们没有车，朋友里有车的也很少，每次去医院，都要打车。有一次，下雨了，我冒着雨跑到大街上拦车，被浇透了，做了手术之后，医生说最好请中医做做按摩，帮助康复，按摩一次100元钱，那个时候我给人做翻译，一千字十块钱，按摩一次，要翻译一万字，一个通宵。有一次去按摩，停电了，没有电梯，董大海对我说："算了，就算将来有点瘸也没关系"，但我坚持背他上去。那半年，他不能下地，我们请不起护工，虽然很苦，但是我们很快乐很开心。

第5年

这一年，董大海去了深圳工作，只要有时间他就飞回来看我，如果他没有时间，我就过去看他，这是我们的飞机票，我们给中国航空做了巨大贡献……

第6年

这一年，董大海说想创业，自己做老板。我说："没关系，创业吧，大不了，还有我呢！"创业前三年，我没完没了地翻译，什么活儿都接，大海对我说："锦绣，今天我花你一块钱，将来我会还你一百块！"他说到做到了，他果然百倍的还了我。从投资上讲，我是赚了。

第7年

这是我们的第一辆车。有了车以后，我们去的地方就多了。

第8年

这是我们花钱买的第一套房。

第9年

董苗苗上学了，董大海对我说，以后挣钱养家他管，我只做好太太就行了。那一年，我辞职了。

第10年

这一年，董大海父亲脑溢血。我跑遍北京所有的医院，这一年在我记忆里，就是一直在医院……

第11年

这一年，董大海母亲脑退化，不肯住院，只认我，不认所有的人，我照顾她，她后来瘫痪在床，一直是我照顾，直到她去世……

第12年

他弟弟结婚，跟我们借钱，我们给买的房……

第13年

他妹妹失恋，得抑郁症，我陪了她一年，直到她嫁了德国老公，这是我们去机场送行。

第14年

我们买了别墅。和他父母住在一起，他父母一直在这里住到离世。

第15年

他说我应该有辆好车，我经常开着这辆车，接送孩子上学，带老人去医院看病。这辆车去的最多的地方就是学校和医院。

第16年

我们在海南买了房子，因为我冬天怕冷。

第17年

我们第一次出国，带着苗苗。大海说，要让苗苗受最好的教育。

第18年

董大海给我买的玉镯子，那一年，我身体不太好，他听说玉可以辟邪，能让身体强壮。

第19年

董大海这一年查出脂肪肝，我给他制定了菜谱，每天都是粗茶淡饭，三个月后，指标一切正常。

第20年

我们又买房了。

第21年

我们又买房了。

第22年

我一整年都在忙装修。董大海换了好几辆车……

第23年

董大海忽然胃出血，住院，这一年我一直在照顾他，很辛苦也很幸福，他终于有时间陪我了，或者说，让我陪了。

第24年

他去上MBA。

第25年

董苗苗出国读书，我陪读一年。

第26年

董大海给我办了白金卡，说我可以随时买自己喜欢的……

第27年

我们去美国买房……

第28年

这一年，他很忙，但每个节日他都会让秘书给我送来礼物，这些都是他送的，有一次我戴着他送我的表出去，朋友告诉我，值一百万，我吓了一跳……

第29年

这一年，我陪苗苗去了巴黎、米兰、伦敦、东京，甚至横穿了整个非洲，我很快乐。他一直很忙，没有时间，但是每到一个地方，他都会给我们打电话，我们会给他寄一张明信片……厚厚的一摞明信片。

第30年

本来我对离婚充满……，对，我不知道我犯了什么错，为什么会得到离婚这么一个奖励。但是，刚才我在下面化妆的时候，我和我的律师交谈，我终于知道我错在哪里了。我是这个家的金牌保姆，我伺候老人，带孩子，做饭，装修房子，我是一名好管家。男人在起步阶段，也许需要一个我这样的女人，给他无微不至的关怀和照顾，但是，当他有更高的目标和追求的时候，他的需求就变化了——我从他的生活里出局了。我想如果把婚姻当作一项投资，我显然是成功的，我是一个平凡的女人，凭我自己的努力和本事，我绝对无法拥有今天的财富；但是，我不希望我的女儿像我一样，我希望她能够爱自己，能够投资自己，不要在婚姻中忘记自己，当你忘记自己的时候，你的男人也会慢慢忘记你。那么，你们即使拥有再多的房子再多的金钱，你们依然是不幸福的。

这是一个真实的离婚案例，也是很多中国家庭婚姻状况的缩影。一切都来得那么突然，30年为家庭孜孜不倦的付出，却换来一纸离婚协议。蓦然回首才发现，为了这个家庭，她已经忘记了自己，自己已经跟不上男人对另一半的需求。或许，你可以说这个男人忘恩负义，贪新忘旧，但是，社会就是这样的残酷，在谩骂之余，作为已婚女性们，读完这个故事，你是否应该多一份惊醒，多一份经营婚姻关系的心思，而不仅仅学会经营家庭。

总的来说，经营婚姻最好的方式，首先就是要投资自己，让自己成为魅力太太。其次，就是要深刻理解《新婚姻法》给现代女性们的启示，我们应该学会用法律手段保护自己的权益。最后，我们要明白家庭婚姻经济学，我们需要理财规划师，而不是离婚律师。我们需要和理财规划师一起，协助规划我们的幸福和爱，家庭理财规划，其实就是家庭幸福和爱的规划。

只有这样，已婚女性们才不会在婚姻中变得被动，突然有一天，多年的辛苦和劳累，换来的是一纸离婚协议书。我们要成为婚姻中真正的赢家，能和另一半幸福偕老。

成为魅力太太

如果一个女人在最重要的几年中投资的是一个男人，那么之后的几十年里，你将不断求着这个男人不要离开你。

如果你投资的是自己，那么你会很顺利地收获真正属于你的爱情，爱情是以物质为基础的奢侈的精神享受。认准一句话：只有当自己处于一个最好的姿态，才会有好男人来爱你。

一个女人无论已婚还是单身，金钱、房子、车子，只能给她带来一部分安全感。从长期来看，女人的安全感永远需要有自我成就感，自身对他人和社会有存在价值，并且知道自己是谁，能够做什么，知道生活的意义。越来越多的女人拼命地赚钱，也许是这个社会能给女人的安全感越来越少了。以前，会觉得安全感是一个承诺，是过马路时紧握的手，是温暖的话语。

很多20多岁的女孩子还不够独立不够有想法不够自主就匆忙结婚了。后来发现，原来靠男人不如靠自己，原来婚姻和爱情是两种形式，原来自己也得有财产。

其实，只要一个女孩足够独立，去过很多地方，见识过很多人和事，自己经济实力不错，结婚更容易产生幸福感，你只有不在乎对方的价值，你才能真心去爱对方。女人，别活得像支烟似的，让人无聊时点起你，抽完了又弹飞你，记住，你要活得和毒品一样、要么不能弃、要么惹不起。

做女人成熟远比成功重要。既不艳羡她人貌美如花，也不嫉妒他人平步青云，更不独影垂怜，自怜自哀！努力培养自身的书卷气，提升自我素养的修为，对他人温暖、豁达，对自己慷慨大方。

爱一个人最好的方式，是经营好自己，给对方一个优质的爱人。不是拼命对一个人好，那人就会拼命爱你。俗世的感情难免有现实的一面：你有价值，你的付出才有人重视。

女人怎样才有底气？首先，你必须知道自己要什么，并因此去努力。有目标才不会迷茫。其次，你要有事业和梦想，有赚钱养活自己的能力，会独立才不会依附。最后，你要懂得再好的男人也不值得付出一切去爱，留一点点自我，才会有自尊。不迷茫，不依附，有自尊，这就是女人。

既然做女人，就要把女人做到极致

曾经以为，绝顶漂亮是一个女人的极致。多么艳羡风姿妖娆、容颜美丽、身材魔鬼、倾国倾城的女人，男人众心捧月般的追求，造就璀璨、光芒四射的一生。最典型的是中国的四大美女和好莱坞影星梦露、赫本等。

曾经以为，绝顶聪明是一个女人的极致。多么艳羡兰心慧质、才华横溢、风情万种、吟古论今的才情女子。最典型的是李清照、张爱玲等。

曾经以为，上帝太不公正了，为什么同为女人，给她们那么多，给自己的却是点点滴滴。

今天，忽然明白，上帝是公正的，曾经的以为都是错误的，那些不是一个女人的极致，而是极致的女人。不是故意咬文，确实有区别，为了世界的丰富多彩，上帝创造了极致的女人，她们是女人中的极品，但是她们没有幸福！

太漂亮的女人没法给男人安全感，所以男人把她定为情妇。太聪明的女人在三分之二男人的智商之上，不比她聪明的男人她看不上，比她聪明的男人迷恋感官，在追求太漂亮的女人，所以，穷其一生，找不到所爱的人，男人好色的劣根性聪明的女人一眼会看透，太理性，太完美，太理想，太伤悲。

张爱玲曾说过："生命是一袭华美的袍子，上面长满了虱子。"如此洞穿世情的话，又有几个男人能说出来呢，张爱玲太懂男女之情。太聪明的女人会给男人心理压力，所以男人会把她作为红颜知已。

有人要说，不是有又美艳又有才又事业成功的吗？这样的，毕竟寥寥无几。

所以，看看极致的女人，每个人都是一个方面的精品，不能占全。赫本，清纯玉女之首，一生不能生育，在常人的眼里，是幸福的女人吗？

那么女人的极致是什么呢？

首先，懂得爱护自己的女人，一定懂得打扮自己。因此，从头发的样式、护肤品的选用、服饰的搭配到鞋子的颜色，无一不需要你细心地面对。从头到脚的细致，当然需要花很多时间和心思的，因此，要想做贵气的女人就必须从做细致的女人开始。

男人们说过，对一张细致的脸说话要比对一张粗糙的脸说话有耐心得多，尽管男人说出这样的话使大多数女人不满，但这又确实是不争的事实。因此，女人的脸部呵护是极为重要的。护肤品的选购和应用绝对不能偷懒，因为它关系到你的面子工程。

但大多数女人会说护肤过程比较繁琐，无法坚持。可你有没有试过，在家里敷上面膜后，打开音响来几首席琳·迪翁的歌，然后倒在沙发上闭目养神的那种享受呢，尤其是当你看到一张容光焕发的脸从面膜后脱壳而出时，你的内心又是怎么样的喜悦呢？

打扮自己不单是一种行为，更是一种自我调节心境的好方式，也是减压的好途径。因此，贵气女人的第一要点是，忙中偷闲的生活方式。但是，贵气的打扮要点在于精致却不露痕迹。装饰一定要恰到好处、点到为止，千万不可弄得一身矫揉造作之气。

做极致女人一定要学会自我欣赏，但绝不是自恋，它是由理智、客观地对自己的认识引发出来的自信。而这种自信心会使女人在为人处事上从容、大度，不陷入世俗的旋涡中。得体的装扮，优雅的举止，丰富的见识，这些无一不透出女人高贵的气质和个人魅力。能正确自我欣赏的女人，大多受过良好的教育，聪明灵慧，她们出类拔萃，既不会盲目自卑，更不会盲目自大。懂得自我欣赏的女人光彩照人，落落大方，但灿烂的笑里仍有一股凛然高贵的气息，让男人们仰慕的同时又有些敬畏。但绝不能自以为是，盲目自我崇拜，那样比自卑的女人更可怕。说到底，贵气女人最重要的一条，这是由内而外散发的文化气质。一个完整的贵气女人，仅仅拥有外表的高贵是远远不够的，它更需要坚实的内在因素做后盾，这就是良好的文化修养。

第三点，需要不断地充实自己。现代社会，受过高等教育的女人越来越多，但受过4年的高等教育不等于可以吃一辈子老底，社会知识更新越来越快，如果不及时加强营养，你很快就会变成一个营养不良的生锈女人。

摄取营养的方式多种多样，不只是单纯地看书、学习。比如上网浏览、交流，欣赏一部好电影，经常翻阅一些出色的时尚杂志，学学电脑和英文。只有不断加强营养，贵气女人才能在炫丽的生活中游刃有余，潇洒自如。生活也将因此更加丰富多彩。但是，只能让营养丰富你的气质，切不可成一个学究派的古板女人。做一个“不锈”的女人成了女人心底最渴望的秘密。其实不锈并非想象的那么难，贵气就是一个最好的妙方，因为真正高贵的本质含义，是拥有一份清闲的生活状态，很深厚的文化修养，和对是非那种云淡风轻的淡然心境。

要知道，在我们羡慕极品女人的同时，还要想到，就是全世界的男人都爱她，但没有一个她看得上的，那何尝不是悲哀，进一步说，爱上了的人却不能与其相守，那也是一种凡人体会不到的痛。平凡的人，聪明一点点，漂亮一点点，能干一点点，大多数男人是与我们相配的，守在红尘中，与那个我爱他他也爱我的人一点点追求着人生的华美，内心中踏踏实实地感受幸福，这就是女人的极致。

女人们，不是天给的美你不服，非要追求，一定是自寻苦恼，不是天生的才气你不信，非要孤芳自赏，一定是苦旅。男人们，看清女人是哪一类，是不是与你生活中位置相对那个人，要得要不得，养住养不住，如果是对的人，你能用心使她成为女人的极致。

女人最有价值的投资，不是投资金融，更不是投资男人，而是投资自己，让自己成为极致的女人，成为魅力太太。

从《离婚律师》看新婚姻法

首先我们看看新《婚姻法》的新规定：

1. 不管婚前婚后，如果由父母出资买的房，登记在自己子女名下的，则认定为个人财产，不属于夫妻共同财产。

2. 婚前买的房子，登记在自己名下的，属于个人财产，离婚时不进行分配。

3. 婚前买的房子，婚后房子的升值部分与配偶无关。

4. 婚前买的房子，登记在自己名下的，如果夫妻双方共同还贷，离婚时应考虑对对方还贷部分进行补偿。

5. 男方婚前买了房，婚后他擅自将房子卖掉，如果他的妻子想追回该房屋，法院不予支持。

6. 婚后夫妻以共同财产参与购买一方父母房改房时，离婚后该房子属于一方个人财产，不参与财产分割。

附一现实的笑话：“一对男女买房100万，男方首付30万，婚后还贷几年后，女方居家教子。十年后双方离婚，房产增值到300万，产权归男方，女方得到四万贷款，并酌情补偿10万，四十岁人老珠黄的女方带着十四万现金默默离开。四十岁一枝花的男人坐拥豪宅满面春风……。”要知道出轨的男人比骗财产的女人多，家庭里面女人奉献的比男人多。

那么，新婚姻法维护的到底是什么？这在很大程度上滋长了男人可以对婚姻不负责任。特别是对有房子的男人来说，无论他娶了谁，这个女人在他房子里面只是暂住，当有一天看这个女人不顺眼的时候，他可以轻松地跟这个女人离婚，并把这个女人赶出去。

众所周知，自古中国就有男方买房子结婚的传统习俗，所以很多女性指望着嫁个有房的男人停止自己的漂泊，安心地过相夫教子的生活。新婚姻法让女性的梦破灭了，那么，出于上有政策下有对策的考量，很多女性的思想要与时俱进，不把房子过户到自己名下不结婚，从而男性要为结婚付出的代价更高。婆媳关系矛盾将更大，为什么呢？因为婆婆是誓死捍卫儿子的财产，顽强抵抗过户行为的。这样的局面将促使剩男数量直追剩女数量。

新婚姻法揭示了一个现实：在中国女性结婚的代价除了给男人当免费老妈子，当生育机器，当佣人以外，还得自贴家当养家糊口。而中国男人无论他的修养、学识、文化、地位有多高，无论他对内对外所谓的人格与精神独立有多完善，他们从骨子里是不懂得欣赏中国女性的，他们骨子里找的不是老婆，找的是老妈跟保姆，找的是花瓶跟性感，找的是家世跟背景。他们找女性的目的大多是为了找一个良好的生育机器，一个拿得出手的摆设。

当女性把自己托付给这个男人之后，被婚姻生活与小孩教育折磨得惨不忍睹的脸，一下子就成了男人们花心的借口。而当这些女性还没恢复过来要做自己的时候，《婚姻法》新解出台了。结果，婚前财产属于个人财产，那些冲着男人财富去的女人太悲催了。给男人生儿育女到头来一无所有。

我们始终都在强迫自己去相信婚姻不是买卖，而实际上爱情跟婚姻都需要资历和资质。所以，许多人的爱跟婚姻都有那么多的现实掺杂在里面，无法纯粹的爱跟被爱。人们害怕无条件的付出会让自己失去什么。所以中国人在爱情与婚姻里总是患得患失的算计着。

《婚姻法》新解让这些女性们清醒地认识到世上没有免费的午

餐，不劳而获是不可取的。干得好不如嫁得好的观念将在女性头脑中被抹除。让女性明白了，除了自己什么都是靠不住的。这就必然造成女性不再愿意为家庭忍让跟付出。

比如生育问题，职场上见多了女性因生孩子耽误工作，从而没办法升值或者继续任职的事。这样的代价谁来付？还有孩子要跟男方姓氏，男方是否要出银子购买冠名权？如果跟女方姓，女方也一样。因为结婚前所有的东西都是双方共同承担的，也就不存在什么一家之主，也就不存在孩子跟谁的姓的问题。为生孩子没办法上班的女性，男方要给女方付出工资，否则，男人你自己生孩子去吧。

《婚姻法》新解让女性越来越现实，越来越不相信在这个世界上还有感情。女性们走出家庭投入社会发挥最大的能量去奋斗吧。因为你们不奋斗，那个流浪街头的可怜虫可能就是你。

你需要的是理财规划师而不是离婚律师

不得不说，就算在电视剧里，你也可以看见当下女性的局面实在太糟糕了。尽管姚晨和吴秀波都在落力搞笑，唇枪舌剑的精彩演技让《离婚律师》充满轻松愉悦的气氛，但仍然挡不住在每一个案件后女性那让人心酸的背影：躲在美国对老公情人视若不见的原配，愿意把小三孩子拿过来养的彪悍大婆，老公离家出走包养二奶吃药自杀也不肯离婚的富婆，眼明心亮旁敲侧击严防闺蜜的精英之妻，还有精心制作PPT试图挽回老公的阔太……编剧陈彤深研中国婚姻形态多年，又上法院研究了无数卷宗，所以，她的剧本格外写实——婚姻里的女性成了这个时代最大的受害者。她们生于传统年代，把贤妻良母当成最高的人生准则，但恰好又遇上从未有过的社会巨变的时代，旧的思想已然崩溃，新的潮流里又还没有形成规则，女人变得无路可逃，年轻的女孩子为了怕当剩女而拼命想要找个好男人嫁了，而中年女人要面对出轨众生的局面。最可怜的是，新婚姻法让中国婚内出轨的成本极低，这导致中年男人们劈腿的盛行，所有这一切导致了中年女性根本就不敢离婚，且不说离婚妇女的婚姻市场无比凋零，光是离婚带孩子就是能力偏弱的女性们一个不可能完成的任务。

电视剧反映当下的时代，对经济来说，可能是最好的时代，可对于现下的中国女性来说，也许是最糟糕的时代——旧的禁锢还在，但旧的保障已然尽失，新的自由已来，但显然更有利于男性。女性的出路在哪里？看完《离婚律师》，方向只有一个，那就是成为罗鹂。

罗鹂们拥有强大的专业技能，拥有强大的生活能力，拥有强大的经济能力，拥有对抗逼婚环境强大的内心，更拥有一往无前追求所爱的强大行动力——她们唯一要对抗的，是身边每时每刻的“逼婚”，是随时随地觉得你不幸福的老思想。但是随着时代的进步，这些越来越不值一谈，真实生活里婚姻内女性的困剧还不够警惕痴心妄想的父母和群众么？当一个游戏的规则如此失衡，“不跟它玩了”也许才是高智商女性最明智的选择，当欧洲的单身率已破五之际，中国一线城市优秀的单身女性也在再创新高，“嫁个有钱人，不如自己成为有钱人”，当代表新女性的女律师罗鹂高呼号召女人争取人格和经济双重独立时，那也许正代表着中国女性力量在都市里的崛起，“收起你的那套旧思想吧，我们有我们的新活法”。

虽然和其他影视剧一样，编剧体贴地替罗鹂安排了一个像吴秀波这样多金、忠诚、厚道的暖男，但事实上我们都知道在真实生活里这几无可能，在这个残酷的时代里，女人们只有靠自己，唯有靠自己才是可行的方法，就像罗鹂那句掷地有声的名言："有时你不知道自己到底做错了什么，却要受到如此残酷的惩罚。你不该允许自己长时间地陷入悲伤，你要告诉自己，你没有退路，你必须选择重新开始。"

时代变了，女人们，男人再也不可能也不必须是你的未来，你就是自己的未来，你的未来就是自己。因此，作为新时代的已婚女性们，我们能做的，就是好好经营家庭和婚姻，同时不忘投资自己，让我们成为魅力太太，而不是黄脸婆。同时，我们应该好好打理自己的私房钱，让自己读万卷书和行万里路，让自己成为见多识广的智慧女性，实现经济和人格的双重独立，只有这样我们才能让婚姻更加稳固。

此外，对于女性们来说，我们需要的是理财规划师，而不是离婚律师。热播剧《离婚律师》虽然好看，但谁都不想真的跟离婚律师扯上关系。

十年修得同船渡，百年修得共枕眠。每一份婚姻都来之不易，有的顺风顺水，有的却不欢而散、对簿公堂、争夺财产。产生如此大的差别取决于你是否打理好了自己的婚姻，如果想要家庭幸福美满，那么就要趁早找到你的理财规划师，才能将离婚律师拒之门外。

打理婚姻，首先要做好家庭理财。婚姻意味着承担责任、相互包容和爱，在此基础上，家庭理财就非常重要，因为理财的核心是规划，规划好家人的生活和各自承担的责任，将各自的风险降至最低，从而使家人生活得更美好。

女性比男性天生更应该学会理财。男人天生富有进攻性，女性则相对柔和，这种性格的差异决定了男人更适合赚钱而女人更适合理财，因为理财需要良好的心态，不能急功近利，眼光要更长远。同时，会理财的女人能够保护男人辛苦赚来的血汗钱，不仅成就感更大，在家庭和男人心目中也都占有着不可替代的地位，能够使自己的婚姻更稳固。

女性理财不可缺少的5个要素：

首先，女性要有独立意识，不论是上班族还是家庭主妇，都要把自己视为一个独立的成员，实现精神上不依附于任何人。

其次，要学习理财相关的专业知识，明白理财并不等于投资，理财并不是简单地买产品，而是合理的规划。

第三，寻找专业的机构和理财专业人士，使规划更符合未来目标。

第四，不论钱多钱少，多次尝试、不断实践。

第五，相关知识更多地是从理财的过程中获得，所以贵在坚持。

第8章 女人与私房钱

20岁的你，也许正在憧憬着属于自己的温馨甜蜜的小窝；30岁的你，也许正经营自己蒸蒸日上的事业或者家庭；40岁的你，也许已经从容淡定宠辱不惊。但是，我们都不得不面对一个现实，那就是随时随地要花钱，也因为如此，女人要想给自己一个美丽自信的微笑，就要为自己积累一笔财富——私房钱！

古代有一个商人，他每次经商回来或出门前，都会给他的夫人几吊钱，他的夫人除了家用外每天都会往角落的一口大坛子里扔几枚，如此持续了很多年。有一次，商人经商出了意外，将本钱赔了个精光。回到家，垂头丧气，甚至无颜面对家人，商人不知所措。夫人这时一指墙角那个大坛子说："如果我们还有一坛子铜钱，我们能翻身吗？"商人说："莫说一坛子，就是半坛子也能翻身。"于是，他的夫人就跟他说，那你就从那个坛子里拿半坛子铜钱走吧。商人又惊又喜，走过去一看，墙角的那个大破坛子有满满一坛子铜钱。于是，商人就一半留作家用，一半拿去经商，很快就再次翻身。

这个故事说明了一个事情，女人存私房钱，能在关键的时候给予家庭最重要的支持，看似不起眼的私房钱，日积月累之下，它同样能发挥出人意料的作用。

在现代社会，已婚女性们存私房钱已经司空见惯，在我日常理财咨询工作中，也有一些专门来咨询我如何打理自己私房钱的。在这一章中，我们将一起来探讨女人到底该不该存私房钱，它到底又有什么作用。

私房钱的故事

麦当娜是个不折不扣的珠宝迷，她买任何珠宝都不会告诉老公价钱，理由是尊重对方的消费观念，另外，假如她如实说出那个数字，恐怕真的会刺激到老公。

贝克汉姆的妻子维多利亚最会用礼物讨老公和孩子欢心，她经常会一掷万金给家人一个惊喜，小贝身上佩戴的珠宝，孩子的名贵玩具，大多是出自她的私房钱。

戴妃生前常常把一些穿过的衣服卖给二手服装店，赚的私房钱用于支付她看电影、买杂志、购物和旅游等花费上。

名人明星们，也一样会存私房钱，因为它可以给自己带来更多生活乐趣，找到自由支配的精神独立的感觉。那么，对于一般的女性，其实也是一样。

在我的理财咨询工作中，就不乏关于女人私房钱的故事，下面就跟大家分享一些。

小叶和老公的理财方式很独特：两个人每个月往家庭账户上存上收入的2/3，其余的部分可自由支配。两个人各有自己的私房钱，数目多少，大概心中有数。

这种理财方式让小叶和老公的生活过得轻松又不失浪漫。财务相对独立，让她能够游刃有余地做一些自己想做的事情，比如独自出去旅行，或者小打小闹买一些基金股票什么的，投资有风险，即便是赔了，也无需向另外一 个人赔着笑脸交代。

财务独立，让小叶享受了更多的浪漫：生日、情人节、结婚纪念日……总是能收到老公送来的礼物，得到一份小小的惊喜。她还喜欢“敲诈”老公，撒娇让老公送自己一个小小的奢侈品什么的，找一下恋爱时的感觉。

小叶说，女人有自己的钱意味着独立和自由，是一种全新的享受，这种享受不完全是物质上的，更多的是精神上的。

李欣欣对自己小时候读过的一个故事记忆犹新：“一个卖油的丈夫，到了除夕那天，发现没钱过年了，正在愁容满面时，妻子从床下取出一只小缸，是满满一缸油。妻子说，你每天早上挑着担子离开家之前，我都偷偷舀一勺放进缸里，就怕哪天家里有个急用。于是丈夫卖了油，家人过了个不错的年。”加上欣欣的妈妈也是个精打细算的主妇，耳濡目染，结婚后她虽然是家里的财政部长，但依然悄悄地存起了私房钱。一个女人不但要顾家，还要懂得筹划。生活中需要用钱的地方很多，而男人不像女人，用起钱来根本没数。家里的存款是透明的，他可能会因为买一些必要的东西而把储蓄花光，所以必须有一些钱是他不知道的。

于是，李欣欣从家里的日常开销中抽出十元、几十元，天长日久就上了五位数了。这笔钱倒也派了一个大用途，一次老公的父亲急病住院，当时做股票的老公刚好把家里所有的钱都买了一只绩优股，面对三万元的手术费，老公一下子傻了眼。于是，欣欣把私房钱取了出来，告诉老公说，是找自己朋友借的，解了家里的燃眉之急。

通常来说，女人存私房钱，不外乎出自以下几个原因：

1. 你经常看上一些“奢侈品”，比如名牌衣服或是珠宝首饰，且不想让老公为价钱皱眉头。

2. 你陶醉于攒私房钱的快乐。

3. 你习惯未雨绸缪，把攒下的私房钱当成是家庭的“救急金”，拿出来解燃眉之急。

4. 你的老公是一个不懂计划钱的人，他常常会头脑发热地做超出家庭预算的举动。

5. 你天生就是缺乏安全感的人，对婚姻破裂、后代前途、家庭经济危机等忧心忡忡。

私房钱能否引发婚姻危机

如果女人存私房钱的目的是为了防备家庭变故，这当然是一颗潜在的婚姻定时炸弹。但我想更多女人存钱的目的不是为了这个，只是为了让自己更开心，婚姻更幸福。每个存私房钱的女人都有她不同的理由，希望人们能尊重女人的这些理由，也尊重每个女人不同的价值观和不同的生活态度。比如我已经非常满足于花“私房钱”的那种乐趣，那是花“公款”所找不到的。女人永远都有自己的小私心，即使世界是透明的，女人也要做个小盒子，里面装满自己那些闺房的小感觉，男人看着可能觉得有些可笑，可是女人是很认真的。

根据观察总结，90%以上爱存“私房钱”的女人其实都是非常爱家的女人。其中道理很简单，如果一个女人不爱家，并且没有家庭责任感的话，那就绝不是把男人的钱抠下来存着了，直接就把你的钱给花了出去。所以，我们没有必要把女人存“私房钱”当做一种婚姻的忠诚和社会道德去衡量，其实它只是一种极为普通的婚姻现象，就像男人在大街上爱多瞟几眼女人，但并不影响他爱自己的妻子一样。男人嘛，就该有点度量，我们又何必去和一个自己心爱的女人斤斤计较呢？

在我看来，存私房钱既能满足女人的各种想法，比方说买一些自己喜欢的物品，去一些地方旅游等等，可以让女人产生更大的幸福感，另外，女人存私房钱，能在特殊的时刻为家里雪中送炭，解燃眉之急，这不是一举两得的好事嘛，何乐而不为呢？

私房钱存多少合适

私房钱的用途不能“见不得阳光”，数目最好远低于“公共财产”数额。总之一定要把握一个度，绝不能暴敛家财。

作为学艺术的女人，赵青对一些小资和文艺范儿的东西一点儿抵抗力都没有。看到那些有着设计感的精美小玩意儿，她总是忍不住想要抱回家。对赵青的这个嗜好，“凤凰男”老公是深恶痛绝，尽管两个人加起来年收入超过20万，他仍然不能接受妻子用200块钱买一个手绘果盘或者花5000元买一个LV的手包，他总觉得这些华而不实的东西没有任何意义，还不如把钱存起来。

两个人因为这些事情吵过几次架之后，赵青就学聪明了，给自己偷偷建了一个小银行。与其商量着买吵架，不如自己留钱买。反正买回来，丈夫也不知道多少钱，就是问起来，赵青也就贵买贱说，反正男人面对女人的衣物和鞋子，向来没有太大分辨能力。

慢慢地，赵青发现，自从存了私房钱之后，两个人再也没有因为买东西的事情吵过架，加上多多少少有点儿“心虚”，赵青对老公也格外温柔，两口子的小日子当然也过得格外有滋味。

通过以上各个关于私房钱的故事，我们可以清楚地知道，女人存私房钱，对自己、家庭、婚姻都起到润滑剂的作用，只要适当控制这个度，不要让私房钱影响到家庭的正常生活即可。其实，在我看来，每个女人都该有自己的私房钱。

每个女人都该有私房钱

现代社会的女人们，除了掌管全家的财务大权，也开始准备另外一本账：攒自己的私房钱。有人说，没私房钱的女人个个相似，有私房钱的女人则各有各的不同用途。“私房钱”据说是古时的女子在出嫁后为了防止被夫家抛弃，偷偷藏一些首饰和金钱，以免以后生活没有着落。与古代不同，现代女子的私房钱，更多了几分自由和独立的气势。

钱离爱情最远，但是离家庭生活最近。谈恋爱的时候，两个人吃一根冰棍，过日子的时候，这一根冰棍谁出钱，两人必要时要到公证处去公证。夫妻之间的斗智斗勇胜在“情趣”二字，只要别让对方伤心。私房钱的拉锯战，既然不可避免，就不妨把它看作是“婚姻的智慧”。

女人：从控制到建立

对丈夫的私房钱“严防死守”的经验，来源于物质不十分丰富的计划经济时代。我们说私房钱是计划经济时代的产物，更多的是因为计划经济时代家庭收入模式单一，生活消费占消费总额的比例高，控制私房钱既有必要也有可能。

对于私房钱，女性“严防死守”的原因之一，是当女性无法获得与男性同等的教育、就业机会，现实生活中有收入上的差距的时候，女性不得不把家庭生活中的财政大权握在手中，以求得真正的平等。

今天，女性对于私房钱似乎有更为独特的理解。传统的想法是“连我的人都是你的了，你又有什么不该是我的呢”，因此女性有更强烈的要求掌管家庭财务的愿望，按中国人“男主外，女主内”的传统，大多数家庭都是由女性掌管家庭财务。今天，女性对家庭财产的控制力却正在减弱。

一项对千名女性进行的“妻子名下的财产有多少”的问卷调查结果表明：丈夫在家庭中的经济地位明显高于妻子。这项由中华全国妇女联合会主管、民政部批准的国内首家女性调查机构华坤女性调查中心进行的调查显示：在几项主要夫妻共同财产中，除股票以丈夫和妻子名义购买的比例大约各占一半外，丈夫名下财产的比例在不同程度上都高于妻子。

调查显示，在婚后夫妻共同购买的住房中，66.2%的房产证上写着丈夫的名字。调查还显示，丈夫的存款比妻子高8个百分点。在涉及具体消费决策时，由妻子做主的主要集中在“吃”、“穿”、“日常用品”上，而共同做主的主要集中在“大宗电器”、“贵重物品”以及“买房、买车”等大额消费上。

动机调查：我为什么需要私房钱

在我们的采访中，大多数女性都有自己的“风险储备金”，这风险并非单指婚姻的风险，更多的还是出于女性在理财方面精打细算的习惯，比如预备丈夫投资失败、预备孩子教育、预备双方老人的不时之需，预备额外的其他开销等等。当然，对于大多数女性来说，这部分私房钱未必是对方不知道的，但却是自己有绝对控制权的。

你最近一次动用私房钱是什么原因，花费多少？我们的随机采访似乎说明，“私房钱”的用途并非“五花八门”，私密性也不强，私房钱并不构成真正的“秘密”，仅仅成为保证婚姻自由度的一个因素。对于女性来说，并不是每个人都有真正意义上的私房钱，但却几乎每个人都有不为对方所知的花钱的经历。

调查发现，各自家庭的开支成为私房钱的重要用途，但与过去夫妻会因对各自家庭的照顾而产生矛盾不同，现在除了情感因素外，很多家庭更把这部分开支看作是社交费用的一部分，认为理应各自承担，也避免了许多无谓的争吵。

晓晓最喜欢的事情就是给孩子买衣服，尽管这是“正当”消费，有时候先生却有意见，先生认为孩子长得快，不用买那么多很时尚的衣服。与其和先生为这样的小事争吵，晓晓索性把一次买的衣服分批拿出来，让先生不要一次受太大的冲击。

刚刚结婚的小美最近一次秘密消费是花80元自己去寿司店美美地吃了一顿寿司。因为先生是广东人，不赞成她吃生冷的食品，所以半年来她一直没机会吃寿司，最近下班时间路过寿司店，自己去好好吃了一顿。除此之外，她自己的私房钱另外一个用途就是乘出租车上班。还有先生不知道的“常规”消费就是做美容，小美利用午休的时间，一边做美容，一边在美容院睡上一觉。

调查发现，消费观念不同是夫妻双方各自掌握私房钱的主要原因，对于大部分家庭来说，互相之间的“存款”不是秘密，所谓私房钱，只是让坚持各自的消费习惯成为可能。

“私房票”的记忆

20世纪80年代初，李女士随丈夫到广州工作和生活，因为丈夫工作的关系，全家都可以吃食堂，还有一些伙食补贴，所以生活相当富裕，当时自己就存了不少全国粮票，就算是“私房票”。至于为什么不给先生知道，完全没有“不忠”的念头，主要是存点东西，心里比较踏实，算是有了“风险储备金”。

更为有趣的是，李女士还存了其他的东西，包括：“私房白布”（做被子衬里用），足可以做几床大被子，是有熟人的商店倾销积压货品时抢购的；还有几个全新的“私房搪瓷盆”，是自己结婚时几个姐妹送的，她都收得好好的。后来，风险意识逐渐降低，那些搪瓷盆在女儿上小学的时候，被陆续拿到班里参加集体扫除，做被子的布也送给了乡下亲戚。

存钱买“私房”

黄小姐老家在陕西，在深圳工作多年，和某上市公司管理层的丈夫一起买了大房子，现在她的理想就是能够存钱买一套小房子，可以不定期地把不愿意和自己住在一起的父母接来广州，给自己在深圳安一个“娘家”，或者把小房子租出去。

因为先生负担了大部分家用，对黄小姐自己收入的安排也听之任之，先生表示，太太的钱对整个家庭的生活不构成影响，他也了解妻子的性格，知道她不会乱花，他希望她能够早点存够买房子的钱，必要的时候，还可以从家庭开支中支付一部分帮助她实现理想。

作为女人，要学会自我保护，这种保护最好的方法就是尽可能攒点私房钱。那么，这个私房钱用来干什么呢？

一是用于支付娘家亲情。一旦女孩离了娘，就变成了女人。这女人二字真不好弄，特别是娘家这一块，更是万万少不得的。我认识一位女人，就是因为太小气，与娘家人闹翻了。到了出事时，没人管这事，只要一提起她，娘家人没有说她好的，结果可想而知。

二是用于家庭应急。因为男人不比女人，有钱时用起来挥金如土，没钱时唉声叹气。如果女人有心，在掌钱时多个心眼，一天积个几元或几十元，根据家庭的具体情况不同而定。日积月累就是一笔不小数字。如果有朝一日家里真有什么意外产生，到那时拿出来，绝对不亚于黄金万两。我有一位亲戚就遇到这种情况。她的丈夫原本是厂长大人，大红大紫之时，几万几十万不在话下，用钱像流水似的。结果后来厂子垮了，又以为自己还是一身武艺，去外地闯江山。几年下来，不仅钱未挣着分毫，反而所投资金血本无归，还欠下了一屁股债。最后还是妻子站出来拿出十万元私房钱救了急。

既然私房钱有这么多价值和作用，那么，每个已婚女人都应该拥有，作为另一半，也应该支持这个行为，我本人就非常支持另一半适当地存私房钱，也不会干预她对私房钱的使用，甚至还给她私房钱打理的建议。

私房钱的深层价值

“私房钱”这个词，没有性别的差异性，却偏好女人，前提当然是结婚之后的事情。这么说来则有点隐蔽了，“私房”代表的或者是种行为方式，也是个人经济最后一块阵地。当然这些所谓隐私因钱而变得诡异。女人说，这其实很无奈！这个“私”钱也是生活的一种后备和基本保障，至少可以灵活支配而不受另一半的影响，这样来看好像也没什么不妥。毕竟婚姻中女人是弱者，也很符合中国人的忧患意识。

女人的形象总被认为是柔弱的。最近有那么一部电视连续剧《女人何苦为难女人》，单是看看这名字便约莫可估计这“女人是弱者”的概念。“私房钱”成了女人的保障，在某个层面来说，男人也许很少有这种想法。

夫妻之间须坦诚，如此说来就不该有什么隐瞒和欺骗，可问题却又不都这样。“私房钱”谈不上欺骗，如果当真“欺骗”的话，也是容易出大问题的。于家庭显然是不利的，甚至以伤害了彼此的感情为代价，那就得不偿失了。关于这所谓的隐瞒和欺骗，其实，关键是存“私房钱”的女人和所谓“一家之主”的理解和态度问题，延伸开去或者可以谈到家庭理财计划了。

私房钱，“私”在女人的掌握之中，本也有一定的需要和理据，问题是倘若过分刻意而为之，这就让人怀疑动机是否有点什么问题了。假设某天“私房钱”一不小心被发现了，遇上能理解女人的丈夫还好说，不理解的则心存猜疑，引发双方矛盾的“私房钱”这刻成了定时炸弹也不是没有可能的。婚姻被猜疑了，生活被监视了，日子被揣摸着过了。这样的生活，全因为不合时宜的“私房钱”在作怪就得不偿失了！

现代人的婚姻关系变得复杂和不安稳，也激发许多家庭矛盾，很多原因是社会的功利问题所造成的。资源的争夺让国家之间有了战争，家庭财政支配权的分配不公平也同样容易让生活发生矛盾。如何合理调节这之间的平衡则成为夫妻双方的智慧问题，很是考验人心和理财技巧，再有就是婚姻家庭的计划问题。“私房钱”的管理及使用，掌握处理得当则有利于家庭在幸福道路上越走越阔，倘若不是，那婚姻自然就容易出现“暗度陈仓”的可能，即便不这样也会产生“墙外开花”的局面。何况女人天生就是敏感的动物！

“私房钱”需要有效的管理手段才能更好为婚姻服务，女人一旦是财政方面的能手，倒不妨也存点“私房钱”，甚至可能的话，家庭财政“顺便”管理起来也是件很好、很实在的事情。大多数男人通常是比较开明的，比较认可这样的财政能手式的女人。

说到“私房钱”，大概因为是“私”，所以有人就认为这似乎在欺骗婚姻也在伤害对方。问题出在对私房钱的正确运用和理解上，如果私房钱是合理并被双方认可、理解的，那一定是件让人十分愉快的事情。

倘若在“私房”之前能先相互商量一下或作计划性的预算的话，我想这样的私房钱大大有益于改善家庭的理财。这样一来，不但“私房”成了后备金也成了家庭财政的重要补充，何乐而不为呢？

“人无完人，金无足赤”，女人也是一样，各式各样的人必然有各种不同心态，对于钱这个东西来说，女人和男人则角度完全不一样，即使是女人们本身也可因各自的修养和智慧不同而出发点有所不同。女人爱购物成了习惯，几乎被所有的男人一致认可的行为说明了消费的习惯和行为的差异性。前面提到的“私房钱”的应急作用，此时也成了一种借口或理由，可见女人是聪明的，是可爱的。如女人遇见了心爱的衣服或神往已久的项链，此刻，这私房钱就发挥了作用。掂量着使用起来，倒也自在和得意。至少比同行的姐姐妹妹们更有了主见和成就感，足以让女人晚上在家显得更赏心悦目。幸福被写在脸上的“我见犹怜”样子，同样震撼着男人潜在的父性。

又譬如，丈夫出了远差，三两个月甚至是半年，家里来了公公婆婆、弟弟妹妹的，一大家子人吃喝拉撒等大小事情，还不一样地让女人辛劳起来？倘若表点心意之类的，手头有那么点“私房钱”可以动用些许，这就比什么都来得自然和安稳！

日子是积累的过程，这“私房钱”也是可以累积的，同样可以被适当公用的。即使在某个特殊的日子或临时应急之需，也可泰然处之，不慌不忙、游刃有余的计划安排，让男人自叹不如。

在我身边就发生了这样的真实故事：我非常好的一个朋友，在读高中以前，家里经济条件都不错，突然老爸的生意不顺，家里的生活随着改变，等到大学读书时，家里已经没有了可靠的收入，而我这个朋友读大学的学费和生活费，靠的就是他妈妈积累了这么多年的私房钱，一直维持到大学毕业。试想，如果没有他妈妈这笔私房钱，也许大学就无法顺利读完了。所以，女人私房钱真的可以救家庭于危难之中。

“私房钱”更能体现丈夫对妻子的呵护和爱怜程度。

女人显然是需要宠爱、呵护的，所谓的“哄女人”的伎俩在很多男人看来却不见得高明，可谓“粗”人一等！有意或无意之下，适当支持妻子的“私房钱”工程建设的丈夫，某种程度上是对女人最大的关爱和尊重。婚姻关系的相处之道，很艺术也很有学问。私房钱，其真正的作用在某些时候来说非常重要。

私房钱更能体现家庭和谐相处之道。私房钱可以成为家庭危难关头的有效支撑，以解燃眉之急。私房钱成就女人的理财快乐感和幸福感，让女人更女人。私房钱解除了女人对男人的完全财政依赖，让女人更昂首挺胸。私房钱成了婚姻里“一颗红心、两手准备”的未雨绸缪式方案选择。私房钱成为促进家庭和谐、生活情趣的“调和油”！

凡此种种可圈可点的作用实在太多了，生活在于发现，对于“私房钱”的理解，本文不过是某些层面上的认识，更多的应该从真实生活中去揣摸。再说，我也不是女人，但我却在理财咨询中发现了已婚女性存私房钱的普遍性，也从中理解到他们存私房钱背后的动机和目的，总的来说，私房钱是婚姻中的一道美丽风景线。

在我的实际工作中，有两个非常典型的例子。

其中一个例子，是一位医护人员，通过新浪理财师平台认识我，咨询我关于基金的问题，经过沟通发现，原来她目前持有17只基金，从2006年开始买的，这17只基金中，目前10日亏损，7只盈利，分别买了11家基金公司的基金。这个结果让我很是惊讶，甚至有些震惊。

另外一个例子，是我的一位南宁的客户，在了解她的现有资产配置情况时发现，她一共为自己买了8份保险，给女儿买了3份保险，然而全部保险加起来，她的保障却少得可怜，重疾保障就14万，医疗保障1万，人寿保障3.5万，这样的保障与自己的身价是明显不符的。

这是两个非常典型、也非常极端的例子。可以看出，作为一般的投资者，很难为自己配置合适的保险，解决家庭保障，同时也很难为自己构建科学的基金组合，并进行长期管理，实现财富稳健增值。因此，每个人都需要找一位专业顾问来协助你。但是，问题也就来了，到底怎样找到这位专业理财顾问呢？是银行的理财经理，还是保险代理人，还是证券公司的投资顾问？各种理财师又如何去甄别呢？

在下一章，将为你揭开以上种种疑问，让你避免上面两个案例发生在自己身上。

第9章
财富新趋势

财富管理，是一个新热门词，随着近几年的经济发展，老百姓的财富积累到了一定程度，造就了民众对财富管理的需求。在此之前，大家对于钱财的打理都是通过最简单粗犷的方式：炒房和炒股，因为过去只要通过这两种方式就能轻松让财富增长，但是，这种理财方式的成功已经一去不复返了，理财将不再是件简单容易的事情，随着金融市场和金融产品越来越复杂，我们需要寻找专业机构和专业人士的帮助。一开始，我们想到了银行，老百姓天生就对银行有无比的信任，这是其他金融机构所不能取代的，所以，我们在银行做起了最早期的理财，慢慢地，银行的理财服务已经无法满足大众的多元化、个性化的理财需求了，这就催生了越来越多的财富管理机构。

那么，在我们做家庭理财的时候，到底该寻找什么机构或专业人士的帮助呢？市场上形形色色的机构和理财从业人员到底又如何区分呢？在本章中，将为你一一揭秘。

理财新途径

对于已婚女性来说，做好家庭理财需要做好两个事情：第一，就是选择一家合适的理财机构；第二，就是选择一位最适合自己的理财师。

根据问卷调查统计结果显示，多数女性理财的主要途径还是靠自己，或者借助于银行、保险公司等金融机构。其实，这两种途径都很难把理财做好。

第一种情况，靠自己来打理家里钱财的方式。这一类人，往往都不够信任别人，她们认为外面很多机构和顾问都不靠谱，又或者她们实在找不到让她们放心的理财机构。这种方式的问题在于，对于要忙于照顾家庭，还有相夫教子或者有自己工作的现代女性，已经没有太多精力和时间来完成家庭理财的各种重大财务决策，而目前的家庭理财，又不像以前那样简单。现在的金融市场和理财工具越来越复杂多变，如何通过不同的金融市场和工具来规划好自己家庭的财务，已经是一个系统化的工程，单靠自己，是绝对无法完成的。因此，这就需要通过专业理财机构和人士的专业水平，协助你解决各种财务需求。

第二种情况，通过银行、保险公司等金融机构来理财。在很多人眼里，理财还是需要找大型金融机构，这样比较放心，像炒股票就找证券公司，买保险就找保险公司，买银行理财产品或基金等就去银行。其实，在投资理财方面，除了炒股票一定要通过证券公司，存钱和贷款基本都要去银行外，其他理财方面的事情是不一定要去金融机构的。

也许，在大家认识里面，买保险基本都是找保险公司或者去银行，买基金就去银行或者基金公司。在客户来我办公室接受理财咨询服务的时候，基本我都会问问她们过往的一些理财情况，比如，有没有买过基金，有没有买过保险，如果有，我通常都会接着问，你的保险是通过什么途径买的？你的基金又是通过什么途径买的？她们的回答基本都是“我的保险是通过一个做保险的熟人或者银行”，“我的基金是通过银行买的”。

然而，这样就会出现一些问题。就拿你买保险来说，如果你通过保险公司购买，比方说，你打算要买一份保险，你找到了一个平安保险的代理人，而这个代理人，只能给你推荐平安保险的保险产品。其实，每家保险公司都有自己的优势产品，不能说哪家保险公司的所有产品都是最好的，我们需要挑选适合自己的那款保险产品，而保险代理人显然帮不了我们，这是他的身份决定的，正所谓屁股决定脑袋。

再说买基金，如果你在银行买基金，基本很难得到长期的服务，银行理财经理不会在你买后的一段时间内给你提供相关的基金服务，比如定期问问你所购买基金的盈亏情况，基金是不是需要转换，后续基金该如何管理等等。

保险、基金这些长期理财工具，需要结合自身情况来规划，筛选适合自己的保险，解决自身家庭保险问题，构建一个基金组合，通过长期管理来实现稳健的资产增值，显然，通过保险公司和银行，都是无法实现的。这就需要一家完全独立，站在你的利益和需要角度来选择各种理财工具，然后为你提供一站式、个性化的持续服务的理财机构。

面对日益复杂多变的金融市场和工具，一般的投资者很难从中去筛选出自己需要的工具，更无法结合自己的理财需求和目标去做资产配置。作为专业理财师，我经常反问自己，客户为什么要到我这里来咨询理财相关问题，通过我来帮助他们做理财规划，我能提供什么价值。随着接触的客户越多，真实案例越多，我就愈加能清楚地回答这个问题。在本章中，我也会和读者们一起来探讨这个问题。

作为已婚女性们，你还是仅仅以一己之力在做家庭理财吗？或者说你还在通过银行、保险等传统金融机构理财吗？那你已经落后了，家庭理财将会变得困难。打开你的心扉，一起接受新事物，尝试理财新途径吧，它将让理财变得更加简单，更加可靠，它是为你的理财应运而生的新渠道。

你不知道的独立理财机构

银行金融超市地位被打破，更多的机构将参与财富管理盛宴，金融格局迎来更大变化，作为投资者的你，因此有了更多选择，从而成为最大的受益者。新财富管理时代，你准备好了吗？

近日，证监会下发了修改后的《证券投资基金销售管理办法》，期货公司和保险公司可获新增基金代销资格。目前，基金销售机构涵盖了商业银行、证券公司、证券投资咨询机构和独立销售机构等四类型机构。早在2013年10月，就首次为四家独立销售机构颁发基金代销牌照，此时，又为基金销售渠道进一步拓宽，未来，银行一家独大的局面将被逐步打破。

此前，监管机构在2012年11月发布实施《证券公司代销金融产品管理规定》，标志着证券公司代销多种金融产品闸门正式打开。按照《规定》，证券公司将能代销保险产品。另外，非现场开户的出现，也将意味着未来可能不需要非得在证券公司才能开证券账户。

如此一来，投资者就能在保险公司买到基金，证券公司能买到保险，其他金融机构可以开户炒股。以前，只有在银行才能做到的金融超市概念，在不久的将来，一样会出现在保险、证券公司等不同的金融机构了，这对投资者应该是一大福音，银行金融超市的优势将被逐步打破，未来财富管理的竞争格局将更加激烈。

这几年，国内第三方理财机构的崛起，已经让银行感觉到一丝丝压力，纷纷加大财富管理中心和队伍的建设，各大银行的私人银行陆续成立。第三方理财机构，以独立客观的角色，从市场上筛选出最适合投资者的金融工具，为客户提供个性化的全方位理财规划服务，致力于成为每个客户最贴心的财务管家。这种理财服务理念，已经在欧美等发达国家受到非常多投资者的认同。

因此，在未来，财富管理的竞争将从初级阶段的产品竞争过渡到服务的竞争，老百姓的各种理财需求将得到更多关注，谁能为客户提供更加满意的服务体验，谁将成为财富盛宴的赢家。而作为投资者，需要从简单的传统理财思维，即买股票就去证券公司、买保险就去保险公司、买基金就到银行的理财行为，提升到更加宽广的视野，以开放的心态，迎接不同财富管理机构推出的服务，有了不同的服务体验后，才能清楚谁的服务更能满足自身的理财需求，从而选定适合自己的理财服务机构。

随着中国国力的迅速崛起及富裕人群的迅速增加，投资者对于财富管理的需求日益加剧，第三方理财行业从无到有迅速崛起，相比银行、基金、保险、证券、信托等金融机构，第三方理财公司到底在财富管理中扮演何种角色，有什么独特优势呢？

第三方理财是指那些独立的理财机构，它们不代表银行、保险等金融机构的利益，却能够独立地分析客户的财务状况和理财需求，判断所需投资工具，提供综合性的理财规划服务。第三方理财机构起源于美国、加拿大等西方国家，在中国香港90年代起步，中国大陆2005年左右起步，现在处于快速发展期。在欧美等发达国家，第三方理财公司占据财富管理市场份额的60%以上，在台湾、香港等地也占30%左右，而在大陆，这个数据还不到5%。

一、第三方理财公司存在的基础和优势

1. 公正和独立

不代表金融机构利益，是客户利益的发言人。大多数的金融机构，其实是一种推销产品式的服务，第三方理财不代表基金公司、银行、保险公司和信托的立场，而是站在非常公正的立场上，严格地按照客户的实际情况来帮客户分析自身财务状况和理财需求，通过科学的方式在个人理财方案里配备各种金融工具。因此，公正和独立是第三方理财公司存在的基础，它们为客户的利益和需求而存在。

2. 安全可靠

第三方公司一般不会接触客户的金钱，而是为客户提供理财规划及资产配置服务，客户的钱直接在金融体系中流动，受到监管机构的严格监管，因此客户完全不用担心资金的安全性问题。

3. 全面服务

不是推销产品，而是理财规划和资产配置服务。第三方独立理财机构会先对客户的基本情况进行了解，包括资产状况、投资偏好和财富目标，然后，根据具体情况为客户定制财富管理策略，提供理财产品，实现客户的财富目标。

4. 财富管家

不是信息超市，而是精选信息。随着信息的爆发，第三方理财公司会帮助客户从海量信息中选择适合客户的产品和信息，让客户

做到安心和放心。

5. 严格风控

不是产品超市，而是精选产品。第三方理财公司会从市场众多复杂产品中精选优质产品，并且一般会设立风控委员会，层层筛选，保证产品的合规、合法和安全性，为客户的财富保值增值。

二、第三方理财公司的独特优势

1. 为什么选择第三方理财机构，而不是选择金融机构

① 产品的中立性：目前来看，金融机构多是以自行开发产品为主，因此自然是以销售自己产品为导向；即使代销产品，也是以公司整体利益为重，而非客户利益为导向。

② 产品的精品化：金融机构服务的是大众客户，因此产品具有大众性，不能做到个性化；第三方机构服务中高端客户为主，因此产品更具特色和个性化。

③ 服务的个性化：金融机构资产庞大，客户众多，很难提供一对一的服务，第三方机构基本上是一对一的专业服务。

2. 如何保证第三方的公信力

① 第三方是服务方，非资金使用方。第三方只是提供客户的财务规划和资产配置服务，客户的钱都是在金融体系内循环。

② 第三方是产品的筛选方，而非设计方。第三方只是在海量产品中选择适合客户的产品，并严控风险，而非设计方，保证了独立客观性。

③ 专业的提供者，而非利益导向者。第三方存在的核心价值是专业服务，而不会像很多机构那样以“任务、业绩”为导向。

3. 第三方公司对客户的核心价值是什么

① 首先是专注于客户的利益和需求，专业为客户提供资产增值保值方案。

② 其次是信息和产品的筛选，特别是产品的风控，第三方为客户选择一些非大众化、独特而又安全的产品。

③ 再次是便捷和快速，第三方基本上是一对一的客户服务，提供客户财务咨询、资产配置、产品服务及交易等一站式服务，安全便捷。客户购买产品只是第一步，第三方理财机构会持续跟踪并实时为客户服务，从前期的规划、中期的方案执行到后期的持续跟进，是真正意义上的一站式的私人财务管家服务。

第三方理财这个新事物，在2011年的时候，当我告诉身边人时，基本都难以理解，但今天，已经有很多人接触到也能理解第三方理财存在的价值了。这是市场和投资者同时在进步，一切都需要时间来改变。

给大家讲第三方理财机构的时候，我非常喜欢打一个比喻，现在的银行、保险、证券公司等，就好比现在的各种公立医院，银行就像各种大型综合医院，而保险公司与证券公司就像各种专科医院，而第三方理财机构，就好比私家医院，当然这个私家医院是像香港那种，服务品质和收费都更高的，在香港，有钱人基本都去私家医院。在公立医院，由于制度的缺陷和专业服务人员的不足，往往导致患者根本无法得到满意的医疗服务，同样在银行也是一样，很多时候，银行的利益容易和客户的利益相冲突，以产品为中心的经营状况下，很难给客户提供个性化的、长期的服务。

在多年前，客户对于个性化、多元化的理财需要还不明显，很多人理财还是以炒房和炒股两种途径为主，大家只要通过这两种理财方式，就能轻松赚钱了，但是现在的投资市场已经完全不一样了，房地产市场和股票市场那种爆发的黄金机会已经过了，现在更需要专业和理性的投资，才能获得相应的回报，家庭理财应该需要更加科学的理财方式，即更加健康科学的资产配置。其实这种转变在十多年前的香港就发生过，在1997年亚洲金融风暴之前，香港居民的理财方式也主要是炒房与炒股票，随着金融风暴的发生，多数家庭的投资发生严重亏损，这给投资者上了一堂非常好的风险教育课，让大家知道，其实理财需要科学的资产配置，这样才能规避各种风险，让家庭资产增值更加稳健，后来就出现了更多独立理财机构，慢慢地，更多的香港居民开始选择第三方独立理财机构作为自己的服务机构，而不再仅仅是银行或保险机构。在中国大陆，不久的将来将会和欧美发达国家、中国香港等地区那样，第三方理财成为理财的首选机构。

理财顾问的选择

目前，金融行业里面，有非常多跟理财相关的角色，像证券公司的经纪人，保险公司的代理人，银行的理财经理，各种黄金外汇、贵金属等投资公司的投资顾问，还有各种财富管理中心的理财顾问，基本上，这些都可以统称为理财顾问。因此，要在众多理财顾问当中选出一位真正意义上合格，又适合自己的理财顾问，是件非常难的事情。

在我自己的身上，就发生过这样一个真实故事：

有个女性客户，胡小姐，经朋友介绍，她找到了我，说要帮先生买一份香港的重大疾病保险，让我帮她好好做两份计划书，给她对比一下。后来，我当面给她讲解完了两家保险公司所对应重疾产品的优劣势，并让她清楚地知道自己该如何去选择。基于我的专业与认真负责的态度，她非常认可我，接着她问我，“我在你这里购买和别处有什么不一样？”我很直接地告诉了她：首先，我的角色更加独立，给你的建议就会更加客观中肯；其次，我专业诚信的工作作风，也是别的地方很难做到的。我不但告诉她每份计划好的方面，也会告诉她那些不好的地方，其实理财不单单是理财产品或保险的对比而已，它需要一个专业的人根据你自身的情况，做出相应的规划。就好像这位胡小姐，对于她来说，最重要的是要清楚她们家庭的风险所在，买重大疾病保险是为了应对先生万一患大病带来的财务风险。因此，保额是否足够就很关键，而保额的确定需要根据他先生的家庭责任与工作收入等因素来决定。另外，理赔是买保险非常重要的一环，现在很多保险公司保险代理都做不长久，很可能多年后，在你需要理赔的时候，已经找不到当初这个理财顾问了。同时，专业的理财规划师，能给客户提供全方位的理财规划服务，除了家庭保障，还有子女教育规划，养老规划，资产配置方案等，在我这边都能得到一站式的专业理财规划，她不需要买份保险，去找不同保险公司的代理人对比来对比去，买个基金，又到处去问银行理财经理，或者做一些其他投资，又去问别的投资顾问。基于以上原因，要找到一位独立客观，专业诚信，为你的需求和利益考虑，还有能力为你提供全方位家庭理财规划服务的顾问，应该是非常难找的。

后来，她还是没有通过我这边来购买香港保险，原因就是我不能接受给她返佣，而她那边的保险代理人可以做到。对于这样的事情，我也不是第一次遇到，我告诉胡小姐：首先，在金融行业，给客户返佣是违规的，是违反相关职业操守的事，所以我不会这样做；其次，我们提供的服务是有专业价值的，就好比医生和律师一样，我们从中获得一定报酬也很应该的，我们从来没有听过去找医生看病或者找律师咨询，我们还会要求对方把收费给退些回来的吧，如果真的，那你也真的不敢收，而且你也会很害怕，所以，返佣这样的做法只会在最低级的业务人员身上发生；最后，我告诉她说，理财师是我的终身职业，我提供长期的服务，当然需要一定的报酬来支持我的工作，如果某个业务员说可以给你返佣，那你就要小心了，证明她一定在这个行业不会待长久，那你未来需要服务的时候，可就麻烦了。

现在的金融行业，由于业务竞争非常激烈，一些银行、券商、保险、信托等金融机构的业务人员，有时候在客户面前都会一味地去迎合，通过把相关提成返给客户来完成业绩，这也间接造就了金融行业的不良风气，同时也让客户忽视了金融专业人才的专业价值所在。

而作为专业理财师，一直都希望能获得专业人士应有的尊重和重视，在我眼里，理财师是和律师、医生一样高尚的专业人士，应该得到客户的足够尊重，获得应有的报酬。

其实，找一位好的理财顾问就好比找一位好的医生一样难。而好医生的标准应该满足以下几点。

医德高尚，医术精湛

没有金刚钻，不揽瓷器活。医生让病人恢复健康，必须得靠精湛的医术，这也是做好医生的首要标准。

做医生不是为了发财，而是热爱这项事业。作为医生，通过自己的医术让病人恢复健康时，能感受到莫大的成就感和幸福感。

作为一名好医生，除了有非常精湛的医术外还要有非常过人的医德。通常，医德高尚的医生能做到以下几点：能通过症状准确判断病情的绝不用仪器再做检查；能在门诊治疗的绝不收住院；能用常规药品解决的问题绝不用贵重药品。目前社会上并不缺乏医术高明的医生，但还能有高尚医德的医生是少之又少了，因此，医德应该是评判医生水平的重要标志。可以这么说，一流的医生兼具医德医术，二流的医生有医术而医德一般，三流的医生是既没医德也没医术的。

给病人树立信心

很多时候，人生病是因为他生活的内部或外部环境出了问题。如果心结不打开，仅用医疗手段很难达到预期效果。所以，给病人治病时，如果医生能用温情打开病人生活环境的窗户，继而做出正确诊断，给病人树立恢复健康的信心是做好医生的第二标准。

自己阳光才能传递正能量

作为医生，要治病救人，自己首先要阳光、有活力地活着。向患者传达健康的生活理念是做好医生的第三个标准。

我认识这样一位医生，自己患上了肝脏疾病，需要经常做介入治疗，但他投身工作的时候，依旧充满笑容和活力。患病后，主动联系深圳市抗癌协会成立抗癌小组，投身公益事业，积极组织病友进行体育锻炼、气功锻炼，一起抵抗病魔，给他们讲解疾病知识。

身为医生的他非常乐观，病友说："和杨医生在一起，我们不仅快乐，也不再怕病魔了，对战胜病痛更有了信心。"

那么，同样，作为一位出色的理财顾问，也应该具备以下特征。

首先，在道德层面，应该具备正直诚信的品格，因为金融行业存在太多的欺诈。同时，他热爱理财事业，通过自身的专业能力，帮助更多的人通过理财过上更好的生活，这能带来非常大的满足感和成就感。本人就是因为这个原因而选择了理财师作为自己的终身事业。这个标准就好像对医生的医德要求一样重要，是作为出色理财顾问的根本所在。

其次，在专业方面，应该具备扎实的理论功底与实战经验。理财需要正确的理念，科学的方法，实战的技能。金融理财行业每天都在变化，金融市场和工具都在更新，这就需要理财顾问具备超强的学习能力，还有对专业方面孜孜不倦的追求。在工作当中，需要涉及非常多的专业知识，像保险、基金、股票市场、债券、银行理财产品、信托、法律、税务等，对样样东西都需要具备一定的知识，因为家庭理财是个很广的范畴，它随时涉及这些方方面面，如果不具备这些多的金融知识，是难以服务好客户的。我经常跟一些朋友和客户说，我是一个金融通才，而不是专才，因为我懂得金融行业的任何不同领域知识，但是我却不是都精通，论投资，我没有基金经理厉害，论税务，我没有会计师厉害，但是我却可以在自身专业基础之上，结合他们的专业能力，为客户提供最全面的专业理财服务。

最后，应该是一个能懂人生，热爱生活的人，能帮助客户通过理财解决各种人生担忧，实现各种人生梦想。理财其实是在理人生。作为出色的理财顾问，一定是非常了解你的家庭情况及财务情况，发现你的人生担忧及梦想，通过合理的财务安排，最终帮你解决问题、实现理想人生的人。他能在财富上为你保驾护航，为你树立足够的信心，让你从容生活，无忧未来。

通过以上标准来寻找优秀的理财顾问，你会发现，无论是银行的理财经理、保险公司的代理人，还是证券公司的投资顾问、各种理财机构的理财顾问，都会比较难选到相应的优秀理财顾问。

首先看银行的理财经理，他们大多有着良好的培训，拥有金融理财师的职业资格，能很好地与客户沟通，他们并不缺乏客户资源。最大的问题在于他所在的银行体系背景，让他很难把客户的利益放第一位，原因就是目前银行还是以产品为中心的经营阶段，银行的一些业务都是有考核指标的，因此，银行的每个理财经理都背负着沉重的业绩考核压力。试想，当每个客户面对这样的理财经理时，你的利益和需求会是他最关注的吗？自然而然地，他们更多时候想的是如何销售更多产品来完成业务。我认识不少银行的理财经理，他们大多外表光鲜，但大多都会苦于拉存款，卖银行理财产品，推销各种保险基金。他们往往都需要通过各种活动和送礼来维持客户关系，才能完成相应业绩，长此以往，他们如何有足够的时间、精力，还有专业知识来为你提供有价值的专业理财服务呢？在我看来，可以说是有心无力了。

当然，我所说的只是多数情况，不能一棒子打死一船人，银行的理财经理里面，也还是有能把你的需求和利益放第一位的，能通过银行的平台和自身的专业水平，提供有价值的专业理财服务，可以在业绩考核和客户需求之间取得平衡的优秀理财师，但是，这毕竟是非常少的，那要看你有没有足够运气遇上了。

再看保险公司的代理人，他们当中有越来越多的人拿到了理财规划师的证书，但是，他们如果要服务客户，能运用的工具和产品太少，通常，他们能运用的只有自家保险公司的不同保险产品。这样问题就来了，一个客户的理财需求，不是保险这个理财工具就能全部解决的，保险只是理财的一部分而已，虽然保险在家庭保障、资产安全与方面都具有不可替代的地位，但是说到资产增值，保险并不是最好的选择，基金才是财富增值的理想选择。因此，保险公司最厉害的地方，在于能为你的财务风险提供各种保障，投资并不是它的优势所在。此外，就保险产品而言，每家保险公司都有自己的优势产品，因此，很多时候，客户的保险需要，很可能需要拿多家保险公司的产品进行对比才能筛选出真正适合的。保险从业人员中，还有一种角色叫保险经纪人，他能为你提供市面上多数保险公司的产品，但是保险产品之外的产品还是同样无法满足，因此，很多时候，他们只会让你购买越来越多的保险产品，这是他所能运用的工具和产品有限决定的。

那证券公司的经纪人或投资顾问呢？在证券公司所能获得的服务，基本就是投资股票的各种资讯，投资顾问就是在投资股票方面给你提供专业支持，比如为你提供各种研究报告或所谓的内幕消息。尚且不说这些服务对投资股票有多少作用，可以很清楚的一样事情就是，家庭理财不只是投资股票那么简单，作为投资顾问，他最愿意看到的是你把越来越多的闲钱投向股票，这样，他就有了更多的大客户，然后不断给你提供操作建议，这样他所能获得的佣金就会大幅提升，总之，无论最终你的股票有没有赚钱，他是一定先赚你的交易佣金了，所以他的利益并没有建立在你的收益之上，很多时候，越多的交易只会亏损越多，而这个时候，他的提成却会非常高。

最后，来看看作为独立理财机构的理财顾问如何呢？

在上一节中，我们已经知道了作为第三方理财机构的优势，他们独立，根据客户的财务和理财需求，提供综合的理财规划服务。但现实情况是，目前第三方理财机构鱼龙混杂，很多理财机构都是打着第三方的名义在变相推销产品，沦为了各大金融机构的代销渠道。当然，经过多年的发展，很多机构已经在转型，从当初单纯的代销渠道转变成可以为客户提供全方位理财规划的机构。随着独立理财机构的蓬勃发展，越来越多的银行、保险、券商等金融机构的理财从业人员跳入了这些机构，客观上看，独立理财机构只是提供了一个更好的为客户提供理财服务的机制与土壤，能不能在这么多独立理财机构当中筛选出优秀的理财顾问，取决于它的经营理念和理财顾问的培养机制。如果这家机构确实能把客户利益和需求放第一位，又有专业诚信，具备良好专业素养的理财师团队，那么，对于客户来说，这是一个不错的选择。

综上所述，在这么多银行、保险、证券等传统金融机构的理财顾问当中，筛选出一位专业诚信的，能从你的利益和需求出发的，为你提供全面可靠的理财服务的理财师，是一件非常困难的事情，不妨试试从独立理财机构中寻找吧。

让理财师助你一臂之力

作为已婚女性，需要照顾家庭，教育孩子，已经没有太多时间来兼顾家庭理财，还有很多女性，就算有时间精力，但是却对理财没有概念，复杂的金融市场和产品让她感到无从下手和力不从心，这个时候，就需要一位专业的理财师来协助你完成家庭理财的重任。

如果获得专业理财师的帮助，你的理财将不再盲从，就不会出现本章开头那两个典型的例子，胡乱购买基金和保险，导致花了钱却解决不了保障问题，买了那么多的基金，财富却还是无法稳健增长。让专业理财师助你一臂之力，你的理财将更加轻松、安心。

很多时候，客户会认为理财师就是帮他赚更多钱的。其实赚钱只是工作的一部分而已，理财师需要通过了解您的家庭情况、财务情况、收入支出、资产负债、风险承受能力等综合因素，发现风险所在，通过深入的沟通，协助您找出自己未来的各种人生担忧和想实现的人生梦想，通过合理的财务安排，实现真正的财富人生。

因此，这是非常考验理财师的专业能力与沟通能力的。在我和客户做理财咨询的时候，客户往往并不知道自己家庭理财的现状与需求。她们选择找我咨询的出发点往往只是基于某一个点而已，比方说，有些客户手头有一些闲钱，不知道如何投资，又或者说，有一些客户想来咨询我如何选择保险，还有一些人，来问问我某个理财产品能不能买之类。

通过深入沟通，我会发现他们在理财当中存在着以下问题。

首先，有很多人没有做好家庭保障规划。主要有三种情况：第一，完全没有保险，属于财务裸跑状态；第二，买了很多保险，却没有买对几样合适的，属于保险错配状况；第三，买了一定的保险，也没有乱买，但是保额却比较低，保额不能满足保障需要，属于保障不足类型。像这些问题，我都会帮助他们做全面的分析与讲解，让他们清楚现在家庭的风险在哪里，自己买了哪些保险，能不能满足这些风险需要。

其次，很多人的资产配置不够科学合理。有些人的存款比例太高，另外一些人的股票或者房产类风险资产太高，这都是常见资产配置问题，要么过于保守，要么过于进取。资产配置的目的是要降低系统性风险，同时确保家庭资产能稳健增值。

再有，就是对于子女教育和养老规划没有足够的重视，没有进行专门的专款账户安排，很多时候，也没有选择到合适的理财方式去准备。

还有一些问题是，对自己的财务状况不够清楚，比方支出方面，并不能很清楚地告诉我具体的家庭项目支出情况。

因此，我在给他们做理财咨询的时候，一般先了解其基本情况，然后进行初步财务诊断，接着帮其发现家庭财务现状与问题，最后梳理出接下来家庭理财的重点，然后给出相应的理财解决方案，并协助其去执行完成。

很多时候，理财师是问题发现者和解决者，这就好像医生一样，先通过各种诊断和询问，发现你的各种健康情况，包括现在和未来的健康风险，然后对症下药，给你开出各种药方与治疗方案。所以，很多时候，理财师就是您的家庭财务医生，协助您发现财务问题与各种潜在风险，然后提供各种解决方案，最后协助你去执行，并提供持续服务。

我曾看过一个香港的节目，叫《一百万人的故事》，一个让人看完了会感慨万千的节目。这个节目讲述了在繁华发达的香港，却依然拥有超过100万的穷人，它占香港700万总人口比例的15%，也许你完全想不到，但这就是事实。在节目的开头，明星曾志伟就带观众进入穷人的世界，凌晨的跳蚤市场，这是香港穷人世界的缩影。节目通过写实采访手法，给我们讲述一个个穷人背后的故事，他们当中的多数人，曾经都是香港城市的技术人才或者是个体户，还有些是工厂老板，但随着香港社会的快速变迁，她们赶不上时代的脚步，正被时代所淘汰，她们都因此面临生存困难的境况，收入急剧下降，而香港的生活成本却越来越高，虽然香港政府对弱势群体一直充满关爱，却也无力改变她们目前的生活，这就是香港100万穷人的真实故事。

香港这100万穷人或许已经难以改变，因为一切都太迟了，我们没办法穿越时空，从头再来，但是，它却给我们内地同胞一些警示，因为按中国城市化进程的速度，今天的香港，就是内地的明天。

我们很多人都生活在没有规划、没有目标的状态，或者在某一天，当我们失去工作，收入锐减，生活成本却高居不下，我们的孩子还有我们自己将面临更大的生活压力。

试想，如果从迈入职场到转换工作，从结婴婚嫁到购房置业，从子女抚养到退休，你有一个清晰的规划，那会怎么样？

你可以拥有精彩的生活，它清晰地提醒你的现状是什么，需要注意什么，需要改变什么。随着时间的前移，你会积蓄越来越多的力量。

这就是理财规划的重要性。它是河床，它不介意你的汹涌或平静，但他会让你流往正确的方向。

那么，拥有一位优秀的专业理财师，到底对您有什么好处呢？

好处一：理财师能为你定期做财务体检与诊断，帮你把家里的收入支出、资产负债等财务情况梳理清楚。我接触的大多数客户，都难以将自己家庭的收入支出弄清楚，特别是在支出方面，试问在这样的情况下，家庭财务怎么能处理好呢？因此，专业理财师可以协助你做好家庭财务的最基本的工作，如记账、支出预算等各种财务问题。

好处二：理财师能为你解决家庭所需的各种风险保障。有了理财师，你就不会再乱买保险，不会受人情保单困扰，重复买一堆不必要的保险。

好处三：理财师都是理财的行家能手，掌握所有金融工具的特性，可以通过工具的组合运用，科学的资产配置，为你构建一个健康而又稳健的财务金字塔，让你的家庭生活无忧。

好处四：理财师可以帮你解决各种人生担忧，实现各种人生梦想。美国旧金山金门大桥的设计者在大桥落成典礼上发言时说：我要感谢我家的理财顾问，因为他推销的保险计划让我在父亲意外去世之后，得以靠一笔保险金完成大学学业。因此，很多成功人士的背后离不开一位专业理财师的协助。

好处五：理财师可以帮助你规避各种金融投资风险。在金融市场越来越发达的今天，金融欺诈无处不在，理财师可以帮你识别各种金融欺诈，为你的财富保驾护航。

在我第一本书《为什么我的钱总不够花》中，跟大家讲述了正确理财观念的重要性，我们的人生需要规划，理财更加需要规划。在本书中，我希望你们能理解，拥有一个可靠的理财师，将使你的人生更加光明。从今天起，就让理财师在理财道路上助你一臂之力吧，他将为你的财富人生增添成功的砝码。

在本章开头部分看到的那两个典型案例，在我的建议下，那个买基金像买青菜一样随意的阿姨，已经把所有的基金统统赎回，不再随意购买基金，也不再把基金当成股票那样追涨杀跌，随意炒卖了。我协助她重新建立一个稳健的基金组合，然后适时地去调换基金即可，后来，她给我打了几次电话，说现在比以前轻松多了，不像以前那样，买一大堆基金，亏了钱，还赔了好心情。

另外那个很喜欢买保险却始终没有认清该买什么保险、买这些保险是为了什么的大姐，在我的指导下，也已经补齐了保险空缺，明白了不能再胡乱买保险。保险虽好，但切忌乱买，应该买对的、自己需要的，花最少的钱办大事。

后 记

在本书中，给已婚女性们提供了一些理财建议，也解决了一些理财困惑，但并不能针对每个人的个人情况给出更具体的理财规划建议。因此，本人专门成立一家女性理财指导中心——慧馨理财指导中心。

成为中国顶级的理财师，是我所追求的，而成为顶级理财师的使命，就是为更多家庭提供最专业可靠的理财服务。因为已婚女性是家庭理财的重要角色，如果我能针对她们提供更多的帮助与指导，也就间接推动了中国家庭理财的科学发展，让理财温暖更多家庭，这也是我从事这个事业所追求的。我会一直带着这个使命，在理财事业道路上永不停止！

中国的理财事业刚起步发展不久，每个家庭都面临着理财困惑，我希望能通过女性理财指导中心这个平台，汇聚更多具备使命感、专业诚信，希望能协助和指导更多家庭理财，以解决已婚女性理财困惑为荣的理财师们，也为中国梦贡献一丝绵薄之力。希望能与更多女性公益组织一起努力，为女性们创造更加美满幸福的生活。

与此同时，我们的理财指导中心也已经入驻了深圳妇女社会组织服务基地。成立该理财指导中心，主要为协助和帮助会员机构组织各种形式的活动，有关女性理财知识传播、财商教育等；本中心会不定期主办针对女性群体为主的公益理财讲座活动，希望通过各种公益理财讲座，能使大多数家庭妇女掌握家庭理财的基本知识，告别不必要的财务危机，启蒙子女的财商。

本中心的业务开展模式为公益类型讲座沙龙，形式上创新主要体现在实用性比较强，培训或讲座的内容都与我们每个人的生活息息相关，直接把每个月在社会和家庭中遇到的各种类型的金融问题都搬出来一一解答或解决。现代社会不缺理论派的人士，讲述一些大道理，但是很难落实到寻常老百姓的身上，所以，慧馨女性理财指导中心将会秉承公益性和实用性的理念，把理财实用技能带进每一个家庭，让生活因为理财而更美好。

在未来，希望在妇促会大旗之下为广大的协会会员机构、社区小区、各社会团体提供一对一或一对多顾问式的公益理财咨询服务。本中心有广泛的社会实践经验，曾在深圳各类市企业公益授课56场，期间在海滨广场、彩田村、新世界山月居、华夏爱婴早教机构等公益讲课，2014年7月受深圳中学邀请为深圳前四的高中院校金融社团成员公益讲课，具有丰富的讲课服务经验，有能力持续为其他社区和有需求的社会团体进行服务。

目前，市场上各种公益组织都在推动着各领域的健康发展、造福人类，同样，我们也希望能让慧馨女性理财指导中心成为指导女性正确理财的成功典范公益机构，推动整个理财事业健康发展。